Para-pro profesional.

1 800 664-0029

1 Cronicas 16:12
Salmo 84:8.

Naomi Rhode

El valor de la amistad

Obra anteriormente publicada con
el título de *El don de la amistad*

SELECTOR
actualidad editorial

SELECTOR
actualidad editorial

Doctor Erazo 120 Colonia Doctores 06720 México, D.F.
Tel. 55 88 72 72 Fax. 57 61 57 16

EL VALOR DE LA AMISTAD
Traductor: Vicente F. Herrasti
Colección: Superación personal

Traducción de la obra original: *More Beautiful than Diamonds: The gift of Friendship* de Naomi Rhode

Diseño de portada: Carlos David Bustamante Rosas

D.R. © 1991 por Naomi Rhode, Ed. D.
   Thomas Nelson Publishers
   Thomas Nelson Communications, una división de Thomas Nelson, Inc.

ISBN (inglés): 0-8407-7459-1

D.R. © Selector, S.A. de C.V. 2004
   Doctor Erazo 120, Col. Doctores
   C.P. 06720, México, D.F.

ISBN-13:978-970-643-624-5
ISBN-10:970-643-624-3

Cuarta reimpresión. Marzo de 2006.

Sistema de clasificación Melvil Dewey
177
R165
2004   Rhode, Naomi.
    El valor de la amistad / Naomi Rhode; trad. Vicente F.
    Herrasti. —
    México, D.F.: Selector, S. A. de C.V., 2004.
    160 p.
    ISBN: 970-643-624-3 español
    ISBN: 0-8407-7459-1 inglés

    1. Relaciones sociales. 2. Amistad.

Características tipográficas aseguradas conforme a la ley.
Prohibida la reproducción parcial o total de este libro
sin la autorización por escrito del editor.
Impreso y encuadernado en México.
Printed and bound in México

CONTENIDO

INTRODUCCIÓN
Un legado de regalos 9

PRIMERA PARTE
Un regalo envuelto en diamantes 13

SEGUNDA PARTE
Máximo rendimiento de su inversión 29

TERCERA PARTE
Un diamante en bruto 43

CUARTA PARTE
Los circones y los verdaderos 71

QUINTA PARTE
Cortado, modelado y pulido 81

SEXTA PARTE
Examen de diamantes en busca de suciedad 97

SÉPTIMA PARTE
Cuidado de nuestros diamantes 107

OCTAVA PARTE
Por qué se rompen los diamantes   119

NOVENA PARTE
El encuentro de diamantes perdidos   135

DÉCIMA PARTE
Una gema especial   147

*En la vida...
lo más importante
para ser feliz es el
regalo de la amistad.*

Sir William Osler

Un legado de regalos

Mi amor por los amigos proviene de los primeros amigos verdaderos que tuve: mi madre y mi padre. La pérdida de mis papás a temprana edad (mi padre murió cuando yo tenía 13 años y mi madre cuando yo tenía 23 años) magnificó su influencia en mi vida con amigos. Felizmente, he pasado mi vida tratando de llenarlo. Los amigos que me han ayudado a llenar ese espacio se han convertido en valiosos regalos para mí.

Una de mis metas en la vida es ofrecer el regalo de mi amistad a tanta gente como sea posible y estimular a los otros a interactuar en estas relaciones. Como resultado, he recibido muchos regalos de amistad, todos ellos maravillosos.

Después de que murieron mis padres, me sentía descorazonada y sola. Me aferré a cada uno de los recuerdos que tenía de ellos y a las actitudes y valores que me inculcaron. Aunque no eran ricos, materialmente hablando, me dejaron un legado mental, emocional y espiritual que el dinero no podría comprar.

Las cartas que ellos me mandaban cuando yo era una jovencita, el ejemplo que me dieron y las experiencias de la vida que compartieron conmigo, se tejen intrincadamente formando el manto de mi vida. Pero sobre todo me regalaron su amistad. Algunas de las últimas palabras que mi madre me dijo fueron: "tú has sido la hija más maravillosa que podría tener una mujer y, además, una de mis mejores amigas". También me dio consejos maravillosos sobre la amistad y la familia. Estos últimos los compartiré con ustedes a lo largo de este libro.

Me quedé con el anillo de compromiso de mi madre. Se trata de un hermoso diamante. Sólo puedo comparar el cariño que a esta joya le tengo con el cariño que le tengo a mi propio anillo de compromiso. Me dieron también los diarios de mi padre, sus cuadernos de notas, y un libro de *Gemas de la memoria* que él recopiló —un legado increíble de sus pensamientos, su filosofía, y de la esencia de su persona. En este libro, reproduciré muchas de las citas de la colección de mi padre.

Aunque en este volumen cito cientos de fuentes, no necesariamente recomiendo todo lo que ese autor ha escrito, o ese libro en especial. De cualquier manera, me gustan los pensamientos que en particular he escogido para compartirlos con usted, y quiero agradecer a toda la gente excepcional, cuyas citas tan especiales llenan estas páginas.

Se ha hecho todo lo posible para dar el crédito y para lograr los permisos correspondientes al uso de estas citas. Cuando la misma le es atribuida a varias personas, traté de encontrar la fuente correcta. Algunas fuentes eran desconocidas ya que mi padre sólo escribía pensamientos que amaba, no el lugar donde los encontraba. Si he cometido un error u omitido un crédito, por favor informen al editor por escrito, y la corrección se realizará en futuras ediciones del libro.

En esta obra quiero compartir con usted algunas historias y hechos sobre la gran cantidad de similitudes que encuentro entre la amistad, los regalos y los diamantes. Mi deseo es que a usted no le sea posible volver a ver un diamante sin pensar en algún amigo especial o en un ser amado, en lo que esa persona significa, y en la clase de obsequio que usted puede darle.

Pienso que los diamantes son uno de los regalos más hermosos que la naturaleza nos ha dado. Pero existe algo aun más hermoso que los diamantes: el don de la amistad, la alegría que nuestros amigos pueden brindarnos y que nosotros podemos brindarle a ellos. Quisiera compartir con usted algunas de las hermosas relaciones que he tenido el privilegio de experimentar —mismas que han resistido las pruebas más rigurosas y que han demostrado ser genuinas— con la esperanza de que pueda ayudarlo a mejorar y a aumentar la calidad y claridad de las amistades y relaciones en su vida. Los amigos son verdaderamente más valiosos y más hermosos que los diamantes.

Adoro hacer obsequios y alentar a todos los demás a regalar. Este libro es mi regalo para usted. No sólo es un regalo en sí mismo, sino que los mensajes que ofrece son un obsequio dentro del regalo mismo. Mi máxima es: "todo lo que ha pagado usted y aun un poco más", y espero que eso sea lo que usted sienta que ha obtenido después de leer este libro.

PRIMERA PARTE

Un regalo envuelto en diamantes

La generosidad como una forma de vida

El regalo envuelto en una caja de cereal

> LOS ANILLOS Y LAS JOYAS NO SON REGALOS, SINO REMEDOS
> DE REGALOS. EL ÚNICO REGALO VERDADERO ES DAR UNA
> PARTE DE UNO MISMO.
> EMERSON

Mi primer diamante salió de una caja de cereal. Yo tenía ocho años y el extraordinario regalo me cortó el aliento. Mi entusiasmo e imaginación causaron que el regalo me deslumbrara, reflejando una miríada de colores en mi mente. Aunque sólo se trataba de una cuenta de vidrio, yo quería creer que era real, ¡y para mí, lo era!

Pensé que tal vez alguien de la fábrica de cereal en Chicago se había cansado de poner baratijas en cada caja y dijo: "éste es un presente muy especial... Yo sé que alguna niña que lo desea mucho, sabrá apreciarlo".

Usé el anillo durante unos pocos días antes de darme cuenta de que hacía que mi dedo se pusiera verde. Después de todo no era real, pero eso no menguó mi entusiasmo. Estaba contenta de haberlo recibido, de usarlo y de poder mirarlo. Yo amaba el anillo y éste me pertenecía.

Como consecuencia de esto, consumí una cantidad anormal de cereal cuando era niña. No porque me gustara demasiado, sino que esperaba encontrar otro anillo de diamante en el interior de la caja. Nunca volvió a suceder, pero cada caja contenía un premio especial, un regalo. Incluso, si el regalo no me servía para nada, yo me sentía especial ya que alguien me había dado algo. Recibir un regalo inesperado, sin importar qué tan mundano sea, era emocionante para mí y aparentemente para miles de niños que consumían esa marca de cereal.

Recientemente escuché acerca de un joven cuya novia también amaba ese cereal y que invariablemente buscaba su regalo sacando todo el contenido tan pronto como abría la caja. El joven abrió cuidadosamente la parte inferior de la caja e introdujo un verdadero anillo de diamantes y volvió a sellar la caja. Durante una fiesta familiar todos recibieron una caja de este producto. ¡Ella buscó su regalo inmediatamente y encontró un verdadero anillo de compromiso con diamantes!

Los regalos son de mis cosas favoritas. Me encanta darlos y recibirlos. De cualquier modo, he aprendido que los mejores presentes son aquellos en los que nos damos a nosotros mismos.

El arte de dar

Obsequiamos algo de nosotros mismos cuando damos regalos del corazón: amor, amabilidad, alegría, comprensión, simpatía, tolerancia, perdón.

Obsequiamos algo de nosotros mismos cuando damos regalos de la mente: ideas, sueños, propósitos, ideales, principios, planes, invenciones, proyectos, poesía.

Obsequiamos algo de nosotros mismos cuando damos regalos del espíritu: oraciones, visiones, belleza, inspiración, paz, fe.

Obsequiamos algo de nosotros mismos cuando damos el regalo de la palabra: ánimo, inspiración, guía.

PETERSON

Lagniappe

NOSOTROS NOS SUSTENTAMOS CON LO QUE OBTENEMOS,
PERO VIVIMOS DE LO QUE DAMOS.
DUANE HULSE

Mi filosofía de la generosidad comenzó con una historia que me contó mi padre cuando yo tenía ocho años de edad... La historia de un tendero que en la época de la Gran Depresión decidió ser distinto a los demás. Era muy cuidadoso al pesar lo que vendía (los granos de café, por ejemplo). Así, la pesa de cinco libras y el contenedor de café estaban perfectamente nivelados. Entonces él hacía una pausa y sonreía haciendo un guiño al cliente, clavaba el cucharón en el costal del café y echaba una cucharada extra en el contenedor, de manera que la balanza se inclinaba a favor del cliente. Entonces decía: lagniappe, lo que en francés criollo significa: "todo lo que usted pagó y un poco más". Al hacerlo garantizaba el éxito de su negocio durante la Gran Depresión, ya que daba lo que él mismo necesitaba.

El tendero puso en práctica la vieja filosofía de: "Da y te será dado. Con la vara que midas, serás medido". Aunque se trata de un principio de vida básico para todos nosotros, es difícil poner en práctica el principio del *lagniappe* en el mundo actual; sin embargo, ésa es la manera como necesitamos aproximarnos a nuestras amistades.

Ser un amigo en oferta

Señor, ayúdame a ser un amigo "en oferta". Con esto quiero decir, deja que aquellos que busquen amistad en mí, obtengan más de lo que habían esperado.

Que lo que me den en amistad, Señor, siempre lo tenga presente para tratar de darles aún más.

Deja que siempre estén complacidos con la medida que han recibido de mí. Y recuérdame que nunca ponga mi pulgar en la balanza cuando peso mi amor ante ellos.

Deja que yo ponga siempre algo extra, un placer inesperado, en las horas que pasan conmigo.

Deja que yo les ofrezca mi mejor servicio y el crédito más amplio; que mantenga las puertas siempre abiertas; que mis pensamientos y palabras, que son mi mercancía, estén siempre frescos y disponibles; que si mis amigos buscan comprensión en mí, no la encuentren agotada; que si buscan compañía en mí, nunca encuentren que es de baja calidad; que nunca se encuentren con que mi amistad está fuera de su presupuesto, o que ésta es todo lo que pueden comprar.

Recuérdame que nunca los decepcione con falsos anuncios de mí mismo.

Por eso, ayúdame a ser un amigo "en oferta", por siempre, Señor.

Y si entonces encuentro que he dado más de lo que he recibido en pago, no debe importarme la quiebra de mi negocio.

JAMES ALEXANDER THOM

¿Cómo debemos dar?

> Cada cual dé... no de mala gana ni forzado,
> pues Dios ama al que da con alegría.
> II CORINTIOS 9:7

Hace muchos años tenía una amiga que llamaré Joyce. Parecía que yo era su única amiga, así que cuando se enfermó y tuvo que ser hospitalizada sentí que debería estar ahí el mayor tiempo posible. ¡Qué poca idea tenía yo del gran compromiso que mi amistad con Joyce implicaría! Durante un periodo de 12 años, Joyce entró y salió del hospital continuamente. Traté de estar con ella aunque no hubiera ningún beneficio a cambio, porque ella estaba totalmente preocupada por su enfermedad.

Un día Joyce dijo que quería que yo me quedara con su órgano *Wurlitzer* cuando muriera. Me encanta tocar el órgano y me emocionó la idea de recibirlo. Quizás hasta sentí algo de satisfacción —como si yo por fin fuera a recibir un "pago" por mi tiempo, amor y atención.

Muchos meses después, Joyce expresó la certeza de la cercanía de su muerte y la necesidad de deshacerse de sus posesiones. Puso un anuncio en el periódico con el fin de vender su abrigo de pieles y su órgano. Me quedé sin habla y desilusionada.

Después de mucho sufrimiento y una estadía larga en el hospital, Joyce murió. Nadie me dijo nada sobre su órgano *Wurlitzer* y yo presumí que había sido vendido.

El día del funeral de Joyce fue muy triste. Yo extrañaría

mi amistad "unilateral." Fui la pequeña iglesia en la que el funeral se llevaba a cabo, una iglesia con un presupuesto pequeño y una gran cantidad de problemas financieros. Allí, en la plataforma, estaba "mi" órgano. El organista tocó de una manera hermosa, confortando los corazones de todas las personas de la congregación; mientras llenaba el auditorio con música, toda ella proveniente de "mi" órgano. Terminado el servicio religioso, noté que una pequeña placa dorada conmemoraba el regalo de Joyce a la iglesia. La placa estaba fechada poco después de que Joyce me hablara de deshacerse de sus posesiones.

Me vi forzada a analizar mis verdaderos motivos, Inicialmente, yo visité a Joyce en el hospital porque sentí que ella no tenía a nadie más. ¿Seguí visitándola para garantizar mi "regalo" del órgano, o en realidad me preocupé por ella en su solitaria vigilia?

Mientras trataba de asegurarme de que en verdad me interesaba por Joyce sin importar el órgano, recordé el pasaje de San Lucas 12:48: "A quien se le dio mucho, se le reclamará mucho; y a quien se le confió mucho, se le pedirá más". Para no perder el balance, mi dar debe estar de acuerdo con mis medios. Yo tenía tanto, Joyce tenía tan poco. Me gustaba mucho el órgano Wurlitzer de Joyce pero no lo necesitaba; la iglesia sí. ahora me maravilla pensar que cada domingo una música hermosa es tocada en "mi" órgano y que una congregación, que de otra manera no hubiera podido costearse un órgano, goza de ella.

He recibido un "regalo" de Joyce, el "regalo" de aprender que la magia de dar viene cuando abandonamos la idea de lo recíproco o del favor correspondido. Al dar con abandono, somos ampliamente recompensados.

La amistad implica dar y recibir

La amistad implica compartir nuestro yo.
Y, ciertamente, uno de los principales aspectos del amor es la alegría en la vida personal.
Cada amigo debe ser capaz de proporcionar esa alegría y de ser partícipe de ella...
La sola idea de una amistad valiosa
implica que los amigos se necesitan
y desean
y que están constantemente receptivos
y ansiosos por el regalo del otro.

HENRY CHURCHILL KING

¿Es más fácil dar que recibir?

> Mayor felicidad hay en dar que en recibir.
> HECHOS 20:35

Aceptar un regalo puede requerir talento. Ya que es mejor dar que recibir, también puede ser más fácil. De hecho, el modo como aceptamos un obsequio es un regalo en sí mismo. Acepte los regalos con alegría, aunque le resulte particularmente desagradable.

Tengo una amiga que fue a Tahití. El agente de viajes le aconsejó que llevara unos cuantos obsequios para darle a quienes la atendieran bien. En Tahití, ofrecer dinero como propina es un insulto, pero dar regalos es muy apreciado. Mientras estaba en Tahití, mi amiga gozaba riendo con Octave, un mesero de su hotel, que le servía los alimentos diariamente. Aunque él sólo hablaba francés y ella únicamente inglés, se las arreglaron para comunicarse por medio de sonrisas y gestos. Cuando ella estaba a punto de regresar, le dio a Octave una playera que costaba aproximadamente 20 dólares, como agradecimiento por su servicio, y le pidió a alguien que le tomara una foto con él.

A cambio, él trató de darle a ella una escultura tiki muy cara —una estatua que había visto en la tienda de regalos, que le había gustado mucho, pero que no había comprado debido a que costaba 60 dólares. Cuando ella le dio a entender que no aceptaba la escultura debido a que era muy cara, él se volteó con una mirada de desilusión y se fue sin despedirse. El intérprete explicó que al no aceptar el regalo que le ofrecía, lo había insultado.

Mi amiga protestó diciendo que la estatua tiki costaba tres veces más que la playera y pensó que se trataba de mucho dinero como para que un "pobre" mesero lo gastara en ella. Después de todo, ella sólo trataba de recompensarlo por el buen servicio y no esperaba un regalo como respuesta. El intérprete le dijo que no se traba de un "pobre" mesero. Su padre era el ministro del Interior de Tahití y era un gran cumplido que él le hubiera ofrecido un regalo tan bonito como muestra de amistad.

Un mes después de su regreso, una caja con 20 collares de conchas fue entregada en su oficina. Venían de parte del mesero. Este obsequio se repitió cada año durante tres años. El porte por cada caja era de más de 20 dólares. ¿Se imagina usted? ¡Él le mandaba regalos porque ella había herido sus sentimientos!

Mayor felicidad hay en dar que en recibir... (Pero) los que dan y no aceptan un regalo como respuesta, se pierden de una de las mayores alegrías de la vida, la alegría de recibir. El recibir de los demás con alegría es aumentar su sentido del propio valor. Los coloca en un nivel de tomar y dar, el único nivel en el que la verdadera camaradería puede sostenerse. Esto cambia una de las cosas más horribles del mundo, el patronazgo, y lo convierte en una de las cosas más ricas del mundo, la amistad.

HALFORD E. LUCCOCK

Un regalo envuelto en diamantes

> No descuides el carisma que hay en ti...
> I TIMOTEO 4:14

Hace pocos años tuve una áspera conferencia sobre el compromiso. Mi esposo Jim me dio un collar que era réplica de una pequeña caja de regalo hecha en oro con un moño de diamantes.

"Cuando uses y toques esto, quiero que recuerdes que hay un regalo adentro. El regalo es para recordarte que eres una mujer amada sin importar quién esté en desacuerdo contigo. Recuerda, no tienes que complacer a todo mundo. Tú no eres responsable de la manera como la gente te percibe. Tú no sabes de dónde vienen o cuáles han sido sus experiencias. En cada auditorio, siempre habrá alguien para quien estés ahí específicamente. Llega a aquellos a los que puedas llegar y no dejes que los demás te decepcionen."

Sonaba esto muy parecido a una idea filosófica que mi padre talló en madera para colgar en la entrada del campamento de boy scouts en el que fungía como director: "Digan lo que digan, déjalos hablar".

Durante años usé la pequeña caja de oro con el moño de diamantes al dar una conferencia, y siempre recuerdo el regalo especial que esta cajita contiene. Se trata de un regalo envuelto en diamantes. Muchos aspectos de la vida son así. Encontramos muchos regalos dentro de un regalo.

Primera parte

Nunca he dejado de maravillarme con la belleza de la naturaleza y los magníficos regalos que nos da. Un trato especial de la naturaleza es el que da con respecto a los diamantes que esconde en la tierra. Amo el brillo que ellos le dan a mi vida. Son una parte de alegría de mi disfrute de la vida y de toda su belleza.

Aun así, mis diamantes no son nada extraordinario ni sofisticado. Al igual que la cajita de regalo, son sólo un símbolo visible de mi manera de acercarme a la vida. Son valiosos por lo que para mí significan, no por el efecto que tengan en los demás. Son valiosos porque, así como mi matrimonio, mi familia y mis amigos, son totalmente genuinos. Son un material que siempre está presente para recordarme el valor inmaterial infinitamente mayor que tienen las relaciones duraderas que he establecido en mi vida; se trata de una caja de regalo envuelta en un tesoro de mucho mayor valor.

El poder de dar

Con la muerte de todo amigo que amo... una parte de mí ha sido sepultada... pero su contribución a mi alegría, fuerza y comprensión, vive para sostenerme en un mundo alterado.
HELEN KELLER

Cuando a los 15 años, Felipe Garza, Jr. supo que su novia de 14 años de edad, Donna Ashlock, necesitaba un trasplante de corazón, él le dijo a su madre que iba a morir y que quería que Donna se quedara con su corazón.

Tres semanas después, el 7 de enero de 1986, una arteria se rompió en el cerebro de Felipe y su corazón fue trasplantado a Donna.

Mientras los familiares lloraban alrededor del féretro abierto de Felipe, el padre Thomas Cargo, de la Iglesia Católica del Sagrado Corazón, se refirió al regalo del corazón de Felipe a su novia enferma como una prueba de que todos tenemos el poder de dar vida a otros.

"Hoy tenemos aquí un ejemplo concreto de un corazón que no ha marchado a la tumba", dijo el padre Cargo. "Dejemos que ésta o cualquier muerte que llegue cerca de nosotros, esté tan llena de esperanza como para permitir que la vida continúe."

"Celebramos un momento que es a la vez triste y alegre; celebramos un momento que es dador y supresor de vida. La muerte de Felipe muestra que todos nosotros tenemos la capacidad de dar, ahora e incluso en el momento de nuestra propia muerte."

El regalo de la amistad

Tener un amigo es tener uno de los regalos más dulces; ser un amigo es experimentar una sutil y solemne educación del alma día con día. Un amigo nos recuerda cuándo nos hemos olvidado de nosotros mismos. Un amigo puede alabarnos sin que nos apenemos. Le toma un cariño especial a nuestro trabajo, nuestra salud, nuestras dolencias y nuestros planes. Puede regañarnos sin que nosotros nos enojemos. Si él está callado, nosotros comprendemos. Se necesita un alma grande para ser amigo... Uno debe perdonar mucho, olvidar mucho, aguantar mucho. Se requiere de tiempo, afecto, fuerza, paciencia y amor. Algunas veces un hombre tiene que dar la vida por sus amigos. No existe una amistad verdadera sin el sacrificio propio. Hacer amigos puede tomarnos tiempo, pero una vez que lo hemos logrado, ni la vida ni la muerte ni la incomprensión ni la distancia ni la duda, deben interferir.

ANÓNIMO

SEGUNDA PARTE

Máximo rendimiento de su inversión

El valor de los diamantes y los amigos

Los amigos confirman nuestro valor

¡Qué gema invaluable es un amigo! Una joya cuyo lustre no pueden opacar ni los fuertes ácidos de la pobreza o la desventura.
ANÓNIMO

No hace mucho, en Miami, Florida, una anciana de 70 años caminaba por el *lobby* de un banco cuando su pie dio con algún objeto. Levantó aquel objeto sucio, luego lo limpió, y descubrió que se trataba de un anillo con dos pequeños diamantes y una gran piedra cuadrada de más de media pulgada. Ella no estaba segura de que los diamantes fueran reales, así que llevó el anillo a un joyero, el cual valuó el anillo de 11.78 quilates en 225 mil dólares.

Después de hablar con un abogado, ella regresó el anillo al Departamento de Policía de Miami. Le dijeron que sería suyo si nadie lo reclamaba dentro de los siguientes 90 días. La policía envió informes por medio de una red de información judicial que funciona a todo lo largo de Estados Unidos y también verificó la posibilidad de que los clientes ricos con servicio de caja de seguridad en ese banco pudieran ser los dueños.

En el día número 89 una reclamación llegó, sólo que después de 10 días de investigarla, la policía la desechó. El Departamento de Policía de Miami afirmó que el anillo de diamantes con valor de 225 mil dólares pertenecía a la mujer que lo había encontrado, incluso si el dueño original aparecía.

Aunque la mujer pensó que el anillo era valioso, tuvo la necesidad de que alguien volviera a valuarlo y le reafirmara su valor. Toda persona que conocemos (incluyéndonos) necesita valoración ocasionalmente. Al afirmar a los demás, nos afirmamos a nosotros mismos. ¡Cuando brindamos alegría y aliento, esos refuerzos vuelven a nosotros gracias al acto de hacer que otra persona se sienta estupendamente consigo misma! ¡Cuando se nos cae el pan a las aguas, éste regresa con mantequilla! Regale el regalo de la afirmación cada día. Dé y le será dado.

Un tributo a la amistad

Amistad. Hay algo muy especial en esa palabra.

El mundo hace reverencia a las personas que se comprometen el uno con el otro.

En honor de la amistad, muchas guerras han sido disputadas y ganadas; se han regalado fortunas y las coronas han sido abdicadas.

Por servir a la amistad, nos mantenemos en vela junto a la cama del enfermo, adoptamos a los huérfanos, cuidamos de las viudas y vestimos a los necesitados. La amistad trae calor al limosnero que tiembla de frío, acompaña al solitario y hace reír al que se duele.

Por el compromiso de la amistad, hombres y mujeres han sido quemados en hogueras, han sido muertos por leones, mutilados, aprisionados y martirizados.

En tributo a la amistad se han compuesto sinfonías, se han escrito clásicos y se han pintado obras maestras.

Es una palabra de respeto y veneración, una palabra de oración y esperanza. Es la clase más rara de amor, la forma menos egoísta... la amistad.

MARY HOLLINGSWORTH

Amigos alrededor

No existe posesión más valiosa que un amigo bueno y confiable.
SÓCRATES

Ciertos amigos míos eran dueños de una tienda en un hermoso pueblo de Nuevo México. Les había ido bien financieramente hasta que la economía de Texas y Nuevo México se desplomó con la caída de los precios del petróleo y los bienes raíces; la quiebra de muchos grandes bancos e instituciones de préstamo y fianzas se añadió al caos financiero. Como en el efecto de las fichas dominó, los negocios en este pequeño pueblo parecían caer uno tras de otro debido a que dependían entre sí para pagar sus cuentas.

No se trataba solamente de una relación comercial; la mayoría de los residentes también eran amigos. Muchos de quienes experimentaron el fracaso fueron incapaces de ver a sus amigos, ya que no podían pagar sus deudas. Muchos de ellos cayeron en la bancarrota y se mudaron de la ciudad por la noche, sin despedirse de nadie.

Una familia del pueblo, dándose cuenta de que las relaciones son más valiosas que los recursos, dio una fiesta de bancarrota. Enviaron invitaciones a todos sus amigos. Las invitaciones decían:

> Desafortunadamente, vamos a declararnos en bancarrota esta semana. Afortunadamente, nuestros amigos son lo más preciado, y nos damos cuenta de eso

ahora más que nunca. Por favor, venga este viernes por la noche y confirme su amistad en un momento en que la necesitamos desesperadamente. P.D. Por favor, traiga su propia comida y bebida.

Despilfarro

Nunca deje de lado a sus amigos si es que existe alguna posibilidad de retenerlos. Somos los más débiles de los despilfarradores si dejamos que un amigo se nos escape a causa de la falta de atención, si dejamos que uno desplace a otro o si nos distanciamos de alguno por celos tontos o rudeza. ¿Tiraría usted un diamante si se lastimara con él? Un buen amigo no puede compararse con todas las joyas de la tierra. Si hay frialdad o descortesía entre nosotros, afrontémoslo cara a cara de una vez. Rápido, antes de que el amor se enfríe. La vida es demasiado corta como para pelear o acarrear negros pensamientos acerca de los amigos. Es fácil perder un amigo, pero uno nuevo no podrá sustituir la pérdida del antiguo.

ANÓNIMO

Un corazón independiente del suyo

La amistad requiere de la destreza y la observación del mejor médico, la diligencia y vigilancia de la mejor enfermera, la ternura y paciencia de la mejor de las madres.

EDWARD CLARENDON

El apoyo social, es decir, la interacción positiva entre la gente, ha probado tener un impacto poderoso en el bienestar física y mental de un individuo.

En un gran estudio de aproximadamente siete mil adultos californianos, con edades de 30 a 59 años, se encontró una fuerte correlación entre el contacto social y la esperanza de vida. Tener amigos también parecía ayudar contra padecimientos como ataques cardiacos, cáncer y problemas circulatorios.

Las personas con poco contacto social tenían entre dos y cinco veces más el porcentaje de aquellos que estaban mejor relacionados. Las mujeres embarazadas que se encontraban sometidas a estrés y sin apoyo alguno, es decir, sin relaciones cercanas, tenían tres veces más complicaciones. El 28% de las viudas —y sólo el 4.5% de las mujeres casadas— se quejaron de dolores en el pecho, falta de aire, infecciones y dolores de cabeza. El porcentaje de hospitalizaciones debidas a problemas mentales fue de cinco a diez veces mayor en el caso de las personas separadas, divorciadas o viudas que en el de las personas casadas con buenas relaciones con su pareja. Se encontró que estar relacionado con los demás tiene un mayor impacto positivo en la salud que los efectos negativos que pudiera causar el tabaquismo, el alcoholismo, la falta de ejercicio o una dieta pobre. ¡Vale la pena releer la última conclusión del estudio!

> Al preocuparnos por los demás, estamos en mejores condiciones de encontrar actitudes sanas, como podrían ser el ejercicio, chequeos médicos y pruebas de condición física. La gente casada, por ejemplo, sufre menos enfermedades que los solteros. Hay menos accidentes entre la gente casada que entre los que viven solos. Es por eso que las compañías de seguros incrementan sus tarifas en caso de que los asegurados sean divorciados o separados.

Para mi forma de pensar, si una compañía aseguradora va a estar de acuerdo en ofrecerme tarifas menores cuando me case, es porque debe haber un beneficio probable en el hecho de compartir la vida con otra persona.

El hecho es que quienes están involucrados en la vida de los demás, están más vivos. Si estamos involucrados en la vida; y creemos. Tiene sentido.

Todo amigo añade una nueva dimensión a su propia salud emocional, porque cada amigo es una gema única cuyas propiedades contribuyen a su propia alegría en particular.

Tu amistad es el tesoro de mi vida

Hay tesoros en la vida
que no pueden verse,
que no pueden tocarse,
que es imposible medir
e inclusive evaluar...
No pueden comprarse;
sin embargo, son gratuitos.
Estos regalos preciosos
me han sido dados
y han marcado la diferencia en mi vida
por medio del amigo que en ti he encontrado.

Comprensión —de nuestras distintas maneras de ser.
Honestidad —sobre lo que piensas y sientes.
Risa —de los momentos que hemos compartido.
Paciencia —con mis estados de ánimo cambiantes.
Tu amistad está entre los tesoros de mi vida
—creciendo mientras crecemos, cambiando para bien,
e incluso formando una parte importante de mis días.

KATHI ZACK

Máximo rendimiento de su inversión

Un hombre debe obtener amigos así como obtendría comida y bebida para su sostenimiento. Debe conservarlos como lo haría con su salud y riqueza, como los seguros infalibles contra la miseria y la pobreza de espíritu.

RANDOLPH BOURNE

El mercado de los diamantes se ha incrementado constantemente durante medio siglo, frente a toda clase de inestabilidad financiera de otros mercados. No es raro encontrar piedras con calidad de inversión que incrementan su valor en un promedio de 21% en una década determinada, aun compitiendo con piedras menos valiosas que suben de precio más rápidamente. Pero ¿cómo medir el incremento en el valor de una amistad? Sólo nos volvemos más y más ricos.

Con los amigos y los diamantes, existen limitaciones estrictas: algunos diamantes son más valiosos que otros.

Un diamante se mide por tres "C" y una "Q": corte, color, claridad y peso en quilates. Sólo cinco tipos de cortes diferentes se recomiendan a los inversionistas: redondo o brillante, óvalo puntiagudo, cónico, de esmeralda y oval. En cualquier corte, debe haber 58 facetas cortadas a partir de cálculos precisos. El color de un diamante generalmente varía de absolutamente incoloro a amarillo, y la claridad es la que representa el valor de la piedra. Obviamente, mientras más quilates tenga un diamante, mayor será su peso y mayor también su valor.

Comúnmente, resulta tentador e incluso natural utilizar parámetros para medir a los seres humanos. Deben estar en nuestro estrato social y sólo pueden ser de un cierto tipo de personalidad, color de piel o edad. Deben ser virtualmente intachables. El problema es que unos límites tan estrechos no pueden ser aplicados para tratar de figurarnos lo que debe ser un buen amigo. En el caso de un buen fotógrafo de modelos, tal vez, pero no necesariamente con un buen amigo.

Definitivamente, y por buenas razones, los límites son estrechos en la inversión de diamantes de calidad. Pero ¿quién determina los parámetros en la inversión de amigos de calidad? Desafortunadamente cuando juzgamos a la gente por sus cualidades externas, tales como la apariencia, riqueza, poder y estatus, pasamos por alto sus cualidades internas de sabiduría, coraje, compasión, integridad y humor. Mentalmente, podemos decirnos que nunca haríamos un amigo o amigo potencial basados en parámetros arbitrarios, pero todos los días excluimos a amigos potenciales porque pensamos que no tienen suficiente valor como para merecer nuestro inversión.

Soy privilegiada, ya que tengo círculos de amistades, redes de soporte. Un grupo de amigos muy especial es mi grupo "chabre" (lo que en hebreo significa "los que se unen por lazos de amor"). Seis de nosotros nos reunimos dos o tres veces cada mes para apoyarnos, compartir y rezar los unos por los otros. Compartimos nuestras mayores alegrías y lloramos juntos nuestro dolor y tristeza. Ellos me enriquecen, me ayudan a centrarme, me aman y me hacen responsable de mi propio desarrollo. Estoy agradecida por poder contar con este grupo.

La inversión de usted mismo en otro es una de las necesidades básicas más importantes. Ensancha los confines de nuestras almas para depositar un poco de nuestro espíritu en otros que, a cambio, nos hacen el regalo de depositar un poco de ellos en nosotros. No existe un regalo más valioso que éste.

La vida es dulce

La vida es dulce gracias a los amigos que hemos
   hecho y a las cosas que compartimos;
Queremos vivir no sólo por nosotros mismos, sino
   también por la gente a quien le importamos;
Se trata de dar y hacer por alguien más —de eso
   depende el esplendor de la vida.
Y la alegría de este mundo, a fin de cuentas, se
   encuentra en hacer amigos.

EDWARD A. GUEST

Los amigos son como depósitos en el banco

La mejor parte de la propia vida consiste en las amistades.
ABRAHAM LINCOLN

Mi hermano me recordaba constantemente que "la amistad es como una cuenta bancaria: no puedes seguir haciendo retiros sin hacer depósitos". Algunas cuentas de banco se mantienen activas por depósitos automáticos de nuestros cheques de pago. Otras se establecen con un propósito especial: la educación universitaria de un niño, las vacaciones o el retiro. Los amigos son como dinero en el banco. Hacemos depósitos de nosotros mismos y de nuestro tiempo en sus vidas, y cuando necesitamos hacer un retiro, el amigo está ahí.

Mi amiga Carol y yo no hemos vivido cerca durante más de 25 años, pero mantenemos nuestra amistad al vernos por lo menos una vez al año, mandándonos una carta o un casete grabado de vez en cuando. No nos vemos tan seguido como quisiéramos, pero cuando estamos juntas, es como si nunca hubiéramos estado separadas.

Algunos amigos se necesitan diariamente, otros sólo una vez a la semana, una vez al mes o una vez al año. Pero tenemos que seguir haciendo esos depósitos, ya sea que se trate de una tarjeta de navidad o de cumpleaños. Incluso los bancos cancelan las cuentas que consideran inactivas.

TERCERA PARTE

Un
diamante en bruto

Para hallar amigos

Para hallar amigos

Para encontrar un amigo se debe cerrar un ojo; para
mantenerlo, los dos.
NORMAN DOUGLAS

La expresión "un diamante en bruto" trae a la mente cantidad de imágenes: algo encontrado en estado imperfecto, que sólo necesita un poco de reparación o tiernos cuidados amorosos para brindarnos su verdadera belleza. ¿Se da usted cuenta de que en los tiempos antiguos todos los diamantes se dejaban en bruto? Fue la propiedad de los diamantes como la sustancia más dura de la tierra, la primera cualidad que atrajo la atención, no su belleza en sí misma.

Le aconsejo que no desprecie piedras preciosas tan sólo porque se trata de diamantes en bruto. Todos lo hemos hecho.

Hace 20 años conocí y tuve un rápido contacto social con un hombre e inmediatamente decidí que no era mi tipo de amigo. Encontré que todo sobre él era objetable y que no tenía yo ningún deseo de asociación. Recientemente, estaba con una de mis nuevas amigas y hablábamos sobre nuestros mutuos encuentros. El nombre de esta persona salió en la conversación y me dijo que era uno de sus mejores amigos. Quedé totalmente impresionada. A ella también le había desagradado inicialmente, pero tuvo que trabajar con él, motivo por el cual superó este estado de ánimo.

Ella se esforzó en conocerlo, fue a comer con él varias veces y lo invitó a él y a su esposa a cenar en su casa. En aproximadamente seis meses una maravillosa relación se comenzó a formar, y 20 años después ella le considera a él y a su esposa entre sus más cercanos y valiosos amigos. Después de que ella pasó por alto la falta de unos bordes sutiles en este diamante en bruto, encontró una verdadera gema. Cuando necesita algo, él ha probado ser un amigo totalmente confiable, incluso con los niños. Me he dado cuenta de que hubiera podido tratarse de una significativa amistad para mí también.

En busca de diamantes

SOMOS VIAJEROS EN ESTE MUNDO SALVAJE, Y LO MEJOR QUE PODEMOS
ENCONTRAR EN NUESTROS VIAJES ES UN AMIGO HONESTO.
ROBERT LOUIS STEVENSON

La búsqueda de diamantes en las minas puede ser una empresa peligrosa, con pocas y esporádicas recompensas. Algunos de los mayores y más hermosos diamantes del mundo fueron obtenidos de la misma mina, pero con décadas de diferencia. ¿Por qué siguieron buscando? ¿Por qué seguimos buscando amigos? Porque la promesa de un premio invaluable sigue frente a nosotros.

Existe toda una industria increíblemente compleja dedicada a desenterrar diamantes. Por cada diamante de calidad que se descubre tienen que manipularse desperdicios que equivalen a 14 millones de veces el peso de la joya encontrada. En una mina de diamantes, aproximadamente 250 toneladas de tierra deben ser removidas para producir un diamante pulido de un quilate que ostente calidad de gema.

> En Sudáfrica se explora en busca de diamantes. Toneladas de tierra son removidas para encontrar una pequeña pepita que ni siquiera llega a ser tan grande como la uña de un dedo meñique. Los mineros buscan los diamantes, no la tierra. Están deseosos de remover la tierra para encontrar las joyas. En la vida diaria, la gente olvida este principio y se vuelve pesimista, dado que hay más tierra que diamantes.

Cuando lleguen los problemas, no se asuste por las negativas. Busque lo positivo y escarbe. Los amigos son tan valiosos que no importa si ustedes tiene que manipular toneladas de tierra.

DAVID SEABURY

Obviamente, esto no quiere decir que la gente que no sea su mejor amigo tenga que ser considerada como tierra. Significa que usted sólo necesita hacer un pequeño esfuerzo para encontrar a alguien que esté precisamente calificado para ser su amigo. Los métodos para encontrar amigos son tan caprichosos y arduos como descubrir diamantes.

Cuando la gente va a la caza de diamantes, regresa muy cargada y rodeada por docenas de centelleantes descubrimientos. Otros se contentan con dos o tres joyas valiosas. Haga lo que más le convenga, pero salga y trabaje en ello, y no piense que el trabajo se ha terminado tan sólo porque encontró a la persona indicada. Una amistad es algo dinámico y en constante crecimiento que requiere ser continuamente cultivado.

Cuando pienso en mis amigos cercanos y los relaciono con el lugar en que los encontré, llego a sorprenderme. Muchos de ellos fueron encontrados gracias a las actividades normales de mi profesión y a mis pasiones. Fueron regalos sorpresivos, y otros fueron amistades encontradas en mi trabajo ordinario.

La gran diferencia entre encontrar un diamante y encontrar un amigo es que si usted busca un amigo sinceramente, logrará encontrarlo. Usted puede ser tan sincero como quiera al buscar un diamante, pero las probabilidades de que encuentre uno son pocas. Si este tipo de situaciones inesperadas no parecen llegarle a usted, y si ninguna cantidad de tierra removida le lleva a descubrir algo, no se desespere. Si existe un individuo sobre el cual usted no está seguro, sólo dele un poco de tiempo.

Una vez que esto ha iniciado su marcha, todo sigue por sí solo. La amistad gana fuerza a partir de sí misma. No se preocupe por ella. No existe solamente un camino tal vez ni siquiera un camino correcto. Sólo busque; es un reto agradable. Ya sea que se trate de una pepita en un arroyo o de una roca entre toneladas de tierra, vale la pena dedicarle tiempo y esfuerzo.

> Ser amigo es algo natural,
> Le da la oportunidad de
> entregarse, al mismo tiempo
> que brinda comodidad, ánimo y
> paz.
> Es algo que usted hace de buen
> talante... y
> y yo se lo agradezco.
>
> LINDA DUPUY MOORE

Aprenda a escuchar

Usted puede hacer más amigos en dos meses al interesarse en los demás que los que haría en dos años tratando que los demás se interesen en usted.
DALE CARNEGIE

Leí sobre una mujer de Michigan que creó un negocio con tan sólo escuchar. Recién divorciada, decidió poner un anuncio en el que ofrecía escuchar comprensivamente a la gente solitaria y con problemas. El anuncio decía:

> Cuando necesite alguien con quién hablar, las 24 horas del día. Llame a Kathy, escucha capacitada, $10.

Durante los primeros tres meses recibió 60 llamadas de gente que necesitaba alguien que la escuchara. Kathy no ofrece consejo, pero se limita a escuchar comprensivamente.

Pienso que escuchar es uno de los mayores regalos que podemos dar a los amigos. No siempre puedo escuchar en persona o por teléfono, pero al menos escucho por cartas.

Sé mi amigo

Tú me dijiste que querías ser mi amigo,
pero cada vez que trato de decirte
lo que llevo en mi corazón
interrumpes y me dices
lo que tú piensas
sobre lo que todavía no te he dicho.
Busco a un amigo
que a veces pueda escuchar.
No siempre,
pero sí algunas veces.

MARY DELL MILES

Escucha a tu corazón

Es una regla segura permanecer en un lugar como si usted quisiera quedarse para siempre, sin omitir jamás una oportunidad de ser amable, o de decir una palabra verdadera, o de hacer un amigo.
JOHN RUSKIN

Un día, mientras daba un seminario en Hawai, Jim y yo tuvimos un desayuno con un joven dentista y su esposa. Tuvimos una pequeña plática en la cual ella me habló de un hermoso vestido que había visto en la tienda de regalos del hotel.

Cuando le pregunté si lo había comprado, ella dijo: "no. Me hubiera encantado, pero en realidad está fuera de nuestro presupuesto", y continuó describiendo el vestido con gran detalle. Sólo se trataba de una plática inteligente.

Más tarde, de cualquier modo, cuando comencé a hablarle al grupo, tuve la sensación de que debería ir y tratar de encontrar ese vestido para darlo como regalo a esta mujer.

El lado izquierdo de mi cerebro decía["pero si apenas sabes su nombre, ¿por qué tienes que gastar tu dinero en una extraña? ¿Por qué gastar atu dinero en ella y no en otros? No debes tener favoritismos". Pero el lado derecho de mi cerebro decía: "ve y compra el vestido para ella".

Influida más por la emoción que por la lógica, fui a donde estaba Jim durante el descanso, y le hablé de mi deseo. "Ve y hazlo", dijo. "Nos veremos en la siguiente sesión." Él me dio el regalo de su confianza porque ni siquiera me preguntó por qué quería comprarle un vestido de manera tan aparentemente irracional.

Fui a la tienda de regalos del hotel y encontré el vestido que la mujer me había descrito. La vendedora recordó a la mujer, ya que había mirado el vestido un largo rato, y entre las dos nos imaginamos qué talla sería la correcta. Compré el vestido, hice que lo envolvieran para regalo, regresé al hotel e hice los arreglos necesarios para que el empleado de la recepción pusiera el regalo en su cuarto... sin ninguna tarjeta o indicación que pudiera darle a entender quién le enviaba el vestido. Entonces regresé a terminar la última sesión del seminario.

Más tarde, Jim y yo estábamos en nuestro cuarto cuando alguien tocó suavemente a la puerta. Abrimos la puerta y nos encontramos con la mujer y su marido.

—¿Hizo usted que pusieran un regalo en mi cuarto el día de hoy? —preguntó.

Cuando acepté que lo había hecho, ella preguntó:

—Pero ¿por qué? ¿Por qué un extraño se molestaría en darme un regalo? Usted dejó su conferencia y al auditorio que pagó para escucharla hablar; fue a la tienda de regalos y compró el regalo del cual yo le hablé casualmente. ¿Por qué? No lo entiendo.

Ella y su esposo tenían lágrimas en los ojos. Ella nos habló con el corazón en la mano diciéndonos lo mucho que este acto significaba para ellos, no sólo el vestido, sino el acto de amabilidad que dio origen al regalo. Nos dijo que había sido una persona estoica y que le resultaba muy difícil llorar. El regalo que yo le di no era el vestido, sino el regalo de las "lágrimas".

Actué obedeciendo un impulso de mi mente, aun cuando la lógica me indicaba que era una tontería. A partir de ese regalo se desarrolló el regalo de la amistad y de la fe espiritual profunda, la cual no había tenido la oportunidad de gozar antes.

Aprecia a tus amigos

Qué gran bendición es un amigo... con un corazón tan confiable, que con seguridad puedes enterrar en él los secretos; un corazón de cuya conciencia puedes temer menos que de la tuya propia; que puede remediar tus pesares con su conversación, tus dudas con su consejo, tu tristeza con su buen humor, y que con la sola mirada te proporciona la serenidad. Qué gran bendición es un amigo.

SÉNECA

Diamantes de segunda mano

Es mejor tener diamantes de segunda
mano que no tener ninguno.
MARK TWAIN

Cuando cumplí 40 años, Jim me sorprendió con un anillo de diamantes absolutamente exquisito, el cual debería reemplazar mi anillo de compromiso original. Aunque yo no estaba segura de que este nuevo anillo pudiera llegar a significar tanto como mi primer diamante, estaba emocionada de recibir esta nueva muestra de su amor.

¿Qué podía hacer yo con mi viejo diamante? Decidí combinarlo con el diamante de mi madre en una montura única. De toda la joyería que poseo este anillo es probablemente el más significativo para mí (mi viejo diamante y el diamante de segunda mano de mi madre).

Lo que hace maravillosos a los diamantes de segunda mano es que no son como los carros de segunda mano. No hay frenos descompuestos, no hay salpicaderas abolladas, no hay motores desgastados. De hecho, el valor sentimental incrementa su valor, al menos ante nuestros ojos.

Los amigos de segunda mano pueden ser más valiosos que aquellos que son nuevos y que comúnmente son fáciles de obtener. Ya han sido "probados en la práctica" por alguien más. ¿Comparte usted amigos con sus amigos? He escuchado acerca de una fiesta hecha en honor de una mujer llamada Jane que tenía 40 buenos amigos, los cuales se llevaban bien entre sí. Lo único que tenían en común era que habían sido presentados por ella.

Aunque un amigo que esté perfectamente adaptado a usted puede no ser tan valioso a los ojos de los demás, ser presentado al amigo de un amigo es una buena manera de incrementar sus relaciones. Conozca a un amigo por medio de un amigo y, si la combinación es la indicada, la relación enriquecerá a todos los involucrados.

Haga un nuevo amigo o renueve una vieja amistad

Haga nuevos amigos, pero conserve a los antiguos;
Aquéllos son plata, éstos de oro son.
Las nuevas amistades, como el vino nuevo
Serán refinadas por el tiempo.
Las amistades que han pasado la prueba
—el tiempo y el cambio— son sin duda las mejores;
La frente podrá arrugarse, y el cabello encanecer
Pero la amistad no conoce el fin.
Ya que con los amigos medianamente viejos, probados y aceptados,
De nuevo nuestra juventud nos allegamos.
Pero los viejos amigos, ¡oh!, pueden morir,
Nuevos amigos pueden ocupar su lugar.
Alaba en tu pecho a la amistad.
Lo nuevo es bueno, pero lo viejo es mejor;
Haga nuevos amigos, pero conserve a los antiguos;
Aquéllos son plata, éstos de oro son.

JOSEPH PARRY

Acres de diamantes

Los extraños son amigos que aún no se han conocido.
ROBERTA LIEBERT

En su libro Acres de diamantes, Russel Conwell cuenta la historia de Ali Hafed, un rico persa que se mostraba contento con su vida hasta que un sacerdote budista lo visitó y le informó acerca de los diamantes, explicándole que si él fuera dueña de una mina, podría hacer y tener cualquier cosa en el mundo.

Pronto, Ali Hafed se mostró descontento porque no tenía diamantes. Vendió su granja y todas sus posesiones, dejó a su familia al cuidado de un vecino, y viajó por Palestina y Europa buscando en vano una mina de diamantes. Una vez derrotado y en bancarrota, se suicidó en Barcelona, España.

Un día el mismo sacerdote budista visitó al hombre que había comprado la granja de Ali Hafed y vio una gran piedra junto a la chimenea.

—¿Ha regresado Ali Hafed? —preguntó—. ¡He aquí un diamante!

—No —dijo el nuevo dueño—. Ésa es sólo una piedra que encontramos en el jardín.

La granja de Ali Hafed, la cual vendió para buscar diamantes, estaba asentada sobre la mina de diamantes más grande de toda la historia, la Golconda.

Los mayores diamantes provienen de esa mina, incluyendo el Kohinoor y el Orloff, que pertenecen a las joyas de la corona de Inglaterra y Rusia.

De la misma manera, nuestras mejores fuentes de amistad están por lo general frente a nuestros ojos. Las personas que mejor nos conocen y más nos aman serán por lo regular nuestros mejores amigos.

Nuestros hijos se han hecho buenos amigos nuestros. Sin darnos cuenta exactamente cuándo sucedió, nuestros niños se han convertido en nuestros *amigos*, más que en nuestros "pequeños". Esta transición ha sido muy significativa para nuestras vidas. No sólo tenemos todavía tres niños, también tenemos tres amigos adultos que probablemente nos conocen mejor y nos aman más que otros. La nuestra es una maravillosa historia de respeto y experiencias compartidos en los años pasados. Pero mi mejor amigo sigue siendo mi marido, Jim.

Busque amigos alrededor del mundo, si es que usted viaja, pero no pase por alto las gemas que tiene delante de sus propios ojos.

¿Qué es un amigo?

Y ¿qué es un amigo? Muchas cosas...

Un amigo es alguien con quien te sientes a gusto, alguien cuya compañía prefieres. Un amigo es alguien en quien puedes contar —no sólo por apoyo, sino por honestidad.

Un amigo es alguien que cree en ti... alguien con quien puedes compartir tus sueños. De hecho, un verdadero amigo es una persona con la que debes querer compartir toda tu vida, y el hecho de compartirla incrementa la alegría.

Cuando te sientes lastimado y puedes compartir tus problemas con un amigo, el dolor disminuye. Un amigo te ofrece seguridad y confianza... digas lo que digas, nunca será usado en tu contra.

Un amigo reirá contigo, pero no de ti... Un amigo es divertido.

Un amigo rezará contigo... y por ti.

Mi amigo es aquel que escucha mi llanto de dolor, que siente mi conflicto, que comparte tanto lo bueno como lo malo.

Cuando estoy en problemas, mi amigo no sólo está a mi lado, sino que también se sitúa distante, mirándome con algo de objetividad. Mi amigo no siempre dice que estoy bien, porque a veces no lo estoy. Mi amante, mi amigo: esto es lo que una pareja matrimonial debe ser.

LOU Y COLLEEN EVANS

Sólo para sus ojos

Un amigo cercano vale más que mil conocidos.
ANÓNIMO

Conozco a una dama que no cree en la amistad. Aunque tiene miles de conocidos, ella piensa que los únicos amigos verdaderos son los parientes. Como está casada con un pastor, ella cree que la gente sólo busca una oportunidad para criticarla. Después de una vida entera de ser lastimada por quienes ella pensaba que eran sus amigos, ahora se protege y no permite que nadie ajeno a la familia se le acerque.

Quiero contarles una historia sobre la actitud de esta dama con respecto a los diamantes. Toda su vida trabajó muy duro para lograr que con el pequeño salario de su esposo alcanzara a proveer de comida y vestido a su familia. Aparentemente, ella no era siquiera capaz de soñar con lujos hasta que sus hijos crecieron, y estando ya solos, su esposo comenzó a recibir un salario adecuado y ella los beneficios del Seguro Social.

Para sus bodas de plata, ella decidió que quería diamantes. No sólo un diamante, sino muchos, un anillo cubierto de diamantes. Durante dos años ella ahorró sus cheques del Seguro Social para comprar un anillo de diamantes en su aniversario. Nadie en la familia estaba seguro de que su frugal madre podría ahorrar lo suficiente para este anillo, pero después de meses de buscar ella anunció que había encontrado el anillo, que tenía el dinero, pero que también aceptaba contribuciones de la familia.

Su familia pensó que ella usaría el anillo de diamantes en ocasiones especiales. Sin embargo, resultó que ella sólo usaba el anillo en casa para disfrutarlo personalmente, y que lo escondía cuando iba a la iglesia o a cualquier lugar en el que pudiera encontrarse a algún conocido. Cuando su familia la animó a que lo usara, ella replicó: "no, si la gente de la iglesia lo ve, pensarán que tengo mucho dinero".

Aunque tengo un gran respeto por esta dama y la admiro por el maravilloso trabajo que ha hecho sacando a su familia adelante, me gustaría decirle que aunque los amigos no son necesarios para sobrevivir, le dan valor a la supervivencia. Así como los diamantes que ella compró para su propio regocijo, y cuya belleza no le interesa compartir con otros, ella también tiene un aura maravillosa que necesita compartir con los demás.

Sí, los amigos pueden traicionarlo; pero los diamantes también pueden perderse o ser robados. Escoja entre alguna de las dos opciones; yo siempre me quedaré con los amigos.

Una oración

Dios,
¿Por qué es tan difícil acercarse a la gente,
dejar que la gente se acerque a mí
y hacer amigos?
¿Es porque he sido lastimado
y tengo miedo de ser vulnerable?
¿Es porque pienso
que otros tomarán ventaja de mi apertura?
Tu hijo tuvo doce amigos cercanos.
Y sin embargo uno lo vendió por treinta
piezas de plata.
Otro renegó de haberlo conocido.
El resto escapó
cuando él más los necesitaba.
Jesús predijo incluso estas cosas;
sin embargo, él no se alejó
de la amistad.
Haz que tenga deseo de tomar el riesgo,
también
ayúdame a darme cuenta
de que, últimamente,
al abrirme a otro ser humano
nos abrimos hacia Ti,
Amén.

ANÓNIMO

Tercera parte

La presión hace tanto diamantes como amigos

> Es mejor estar encadenado con amigos que estar
> en un jardín con extraños
> PROVERBIO PERSA

Los diamantes son carbón. Así es el carbón. Así somos nosotros. La diferencia entre los tres está en su estructura, antecedentes, presión y tiempo. El diamante, con todas sus propiedades, es uno de los compuestos más simples de la tierra. Lo que resulta único en un diamante es la manera como fue formado. Mientras que el grafito y el carbón se desintegran fácilmente y son muy suaves, el diamante es la sustancia más dura que se conoce. Se forma bajo un conjunto muy especial de circunstancias. Para que se forme, requiere de una presión de un millón de libras por pulgada cuadrada y de tres mil grados Fahrenheit de temperatura. Tales condiciones existen naturalmente sólo a una profundidad de 150 millas bajo la superficie de la tierra.

¿Ha estado usted bajo tanta presión que se siente como si estuviera enterrado a 150 kilómetros de profundidad? En ocasiones los amigos se forman cuando la gente comparte este conjunto especial de circunstancias.

Los prisioneros de guerra, los rehenes, las personas que

se han desempeñado como jueces, aquellos que han ido a campos de entrenamiento del ejército, las personas que se conocieron en la sala de espera de un hospital, saben lo que son las amistades instantáneas. Determinada por una apremiante necesidad y mientras se está sometido a presión, una gran amistad puede llegar a formarse en corto tiempo.

El veterano de la guerra de Vietnam, Jim Harris, describe esto así: "cuando se está en una situación determinada con gente con la que se vive muy cerca, particularmente en las situaciones que ponen en peligro la vida, se desarrollan amistades que conservan recuerdos y un sentido del humor muy especial, o cuando menos distinto al resto de las experiencias de la vida".

El prisionero de guerra, Everett Álvarez, dijo: "nos conocimos por medio de conversaciones en voz baja a través de las paredes de ladrillos... aprendimos sobre la niñez de los demás, su medio, sus experiencias, esposas e hijos, esperanzas y ambiciones". Los prisioneros de guerra compartían poesía, música, la Biblia y la historia de su vida gracias a un alfabeto de clave hecho con golpecitos en la pared o por medio de azotar una toalla mientras otro prisionero pasaba.

El capitán Gerald Coffee dijo que el contacto con los amigos lo mantuvo vivo durante siete años, en un campo de concentración. Aunque sólo fuera una señal de saludo, un guiño, un golpe en la pared o un pulgar señalando hacia arriba; eran detalles que hicieron la diferencia.

Cuando escuché al capitán Coffee hablar en la reunión de la Asociación Nacional de Oradores, él dijo que aunque la mayoría de nosotros nunca llegaremos a sufrir lo que los prisioneros de guerra sufrieron, todos somos prisioneros en uno u otro sentido. Comúnmente somos prisioneros de nuestros compromisos, de las decisiones que hace años tomamos y de las relaciones negativas. Lo que determina qué clase de personas somos en la vida es la interrelación de estos factores.

Loretta Gizartis dijo: "el mundo está lleno de gente solitaria, cada uno aislado en un secreto calabozo privado". Mucha gente vive en una prisión hecha por ellos mismos, sintiéndose solitarios, rechazados, indefensos, atrapados, presionados y vulnerables. La amistad es la solución que hace posible salir adelante. La presión hace diamantes, pero también hace amigos.

Polvo de diamantes

> La adversidad es el polvo de diamante con el que el cielo pule sus joyas.
> ROBERT LEIGHTON

La gran cantidad de similitudes entre los diamantes y la amistad tiene lugar en la mente. Considere un diamante: nacido de los fuegos de la presión y la adversidad, descubierto por aquellos que lo necesitaban o deseaban, cortado y pulido por otros de su misma clase hasta que es lo suficientemente bueno como para pasar la prueba del tiempo. De la misma manera, el desarrollo de una amistad durante los momentos duros de la vida, tiene considerables beneficios.

Con la caída de las hojas, las máscaras del verde bajan hasta el pie de las colinas, revelando la diversidad y el carácter único de cada valle, roca y arroyo, del viejo cobertizo y del pozo de aceite que de otro modo no advertíamos. Es en invierno cuando las colinas nos presentan su esencia desnuda, cuando en verdad las conocemos. Luego, en la primavera, cuando las máscaras regresan, podemos ver a las colinas como viejos amigos que no muchos pueden comprender.

Igual sucede con la gente. La mayor parte del tiempo usamos nuestras máscaras. Pero en los tiempos difíciles, durante los inviernos de nuestra vida, nos retiramos las máscaras revelando así lo más profundo de nuestro ser único. Son éstos los momentos en que las amistades se forman, y experimentamos los unos en los otros como sólo pocos lo podrán hacer.

ANÓNIMO

Más polvo de diamante

Las amistades más firmes se han formado en la mutua adversidad, al igual que el hierro debe unirse fuertemente por medio de la más salvaje de las flamas.
CHARLES CALEB COLTON

Sé cortés con todos, pero sólo intima con pocos de ellos; prueba bien esos pocos antes de hacerlos depositarios de tu confianza. Las amistades verdaderas son una planta de crecimiento muy lento, y deben resistir los choques de la adversidad antes de tener derecho a la apelación.
GEORGE WASHINGTON

Si un amigo mío... da una fiesta, y no me invita, no me debe importar ni siquiera un poco... Pero si... un amigo mío tiene una pena y se rehúsa a permitirme compartirla, debería sentirlo más profundamente. Si él cerrara las puertas de su casa en lamento contra mí, trataría una y otra vez y rogaría ser admitido para que pudiera compartir lo que me corresponde compartir. Si subestimara mi valor, si me considerada inadecuado como para llorar con él, debería sentir, entonces sí, la más profunda humillación.
OSCAR WILDE

Carta de un amigo

Te escribo con el propósito de decirte lo mucho que me preocupo por ti, y porque quiero que me conozcas mejor.

Cuando te despertaste esta mañana yo mandé una brillante sonrisa a través de tu ventana, esperando llamar así tu atención, pero tú te apresuraste a salir sin darte cuenta.

Más tarde te bañé con los tibios rayos del sol y perfumé el aire con la más dulce esencia que la naturaleza posee, y tú seguías sin fijarte en mí. Mientras pasabas, te llamé con una tormenta de truenos y pinté un hermoso arco iris en el cielo, y tú ni siquiera miraste hacia arriba.

Al anochecer, derramé luz de luna a lo largo de tu rostro y mandé una brisa fresca para que te relajaras. Mientras dormías, te cuidaba y compartía tus sueños, pero tú no te dabas cuenta de que yo estaba tan cerca.

Has sido mi elegido y espero que me hables pronto. Hasta entonces seguiré cerca. Soy tu amigo y te quiero mucho.

TU PADRE EN EL CIELO

CUARTA PARTE

Los circones y los verdaderos

Tipos de amigos

Gemas sintéticas

No haga amigos por medio de regalos; cuando usted deje de dar, también dejarán de quererlo.

ANÓNIMO

Los falsos amigos son como las aves migratorias; vuelan cuando llega el frío.

DICHO HASIDI

Un amigo de todos es amigo de ninguno.

ARISTÓTELES

La ansiedad de algunas personas por hacer nuevos amigos es tan intensa que nunca tienes viejos amigos.

ANÓNIMO

El tipo que le dice "hermano", por lo general quiere sólo algo que no le pertenece.

KIN HUBBARD

Si quisiéramos construir la amistad sobre una base firme, deberíamos amar a nuestros amigos pensando en su beneficio, antes que en el nuestro.

CHARLOTTE BRONTE

Los circones y los verdaderos

SI YO FUERA UN DOS CARAS, ¿ESTARÍA USANDO ÉSTA?
ABRAHAM LINCOLN

A veces, la gente compra lo que parece ser un diamante y resulta ser sólo un circón. Frecuentemente tenemos los mismos problemas con respecto a los amigos. Nunca sabemos su valor a ciencia cierta hasta que los ponemos a prueba.

Tuve una experiencia muy penosa con algunas relaciones que consideraba como "circones", pero, sin embargo, resultaron ser gemas verdaderas. Una noche, después de una conferencia, Jim y yo cenamos con cuatro parejas que habían asistido al seminario. Aunque nunca antes los habíamos visto, ellos se conocían hacía tiempo aun cuando vivían en ciudades separadas por cientos de kilómetros. Tuve una conversación maravillosa con la pareja que estaba a mi izquierda, y les tomé una simpatía tal que prácticamente evité conocer a las demás personas que estaban a la mesa.

Jim conversó con la pareja que estaba a su derecha; en cuanto a las demás parejas, apenas las tratamos. No sólo resultaba difícil mantener una conversación a lo largo de la mesa, sino que mi "sensor de amigos" eliminó cualquier relación significativa dado que no lucían como la clase de gente en la que yo estaría interesada en conocer mejor. Al terminar la cena, todos intercambiamos tarjetas de presentación, y la pareja con la que yo había platicado extendió una cordial invitación para que nos quedáramos en su casa cuando estuviéramos cerca de su lugar de residencia.

Más tarde, durante esa semana, me di cuenta de que estaríamos en el pueblo en el que esas parejas vivían. Decidimos que no deberíamos dejar pasar la oportunidad de desarrollar una relación con una pareja tan agradable. Sin haber podido contactar con ellos por vía telefónica, le dimos a nuestra secretaria su tarjeta de presentación y le pedimos que mandara un telegrama notificándoles nuestra hora de llegada y haciéndoles saber que planeábamos pasar el fin de semana con ellos. Pensando que todo estaba bajo control, partimos para cumplir con el compromiso de una conferencia, anticipando el maravilloso fin de semana que pasaríamos con nuestros nuevos amigos.

El viernes por la noche nos paramos fuera del aeropuerto con nuestro equipaje; un carro, en el que venía la pareja que estaba sentada al otro lado de la mesa, se detuvo. Se trataba de la pareja con la que no considerábamos que hubiera posibilidades de amistad. Salieron del auto.

—Perdón, pero no tuvimos tiempo de hacer ningún preparativo para su visita, hasta hoy recibimos el telegrama —se disculpó la señora—. Pueden quedarse en nuestro cuarto. Nosotros nos quedaremos en el sofá.

Éste ha sido el momento más penoso de mi vida. Le habíamos avisado de nuestra llegada a la pareja con la que casi no habíamos hablado. ¡Inadvertidamente le habíamos dado a nuestra secretaria una tarjeta equivocada, así que avisamos de nuestra llegada a la pareja equivocada!

Sin saber cómo manejar la situación, optamos por no

decir nada con respecto al error. Pasamos dos días y tres noches con la pareja que inicialmente habíamos eliminado como amigos potenciales. De cualquier modo, durante esos dos días y tres noches fuimos tratados muy amablemente, así que logramos hacer nuevos amigos. Estas lindas personas se sintieron honradas de poder recibirnos en su casa (aunque ni siquiera nos habían invitado) y consideraron un privilegio llegar a conocernos. Sin duda, el privilegio fue nuestro.

Y la lección fue también para nosotros. Una vez más habíamos juzgado superficialmente a las personas y decimos que se trataba de "circones", que no eran de nuestro tipo. Cuando nos relacionamos con ellos, encontramos verdaderos diamantes.

Invertir en gemas de calidad: los verdaderos amigos

Su mejor amigo es la persona que hace brotar lo mejor que existe en usted.

HENRY FORD

Su mejor amigo es aquel que es su amigo sin esperar nada.

LEONE DA MODENA

Yo valoro al amigo que encuentra tiempo para mí en su calendario, pero adoro más al amigo que, tratándose de mí, no necesita consultarlo.

ROBERT BRAULT

Los amigos se ríen hasta de sus bromas más tontas, hacen desaparecer el peor de sus humores, lo siguen en las más locas ideas, y siempre ven lo mejor de usted.

ANÓNIMO

Un amigo es alguien que entiende su pasado, cree en su futuro, y lo acepta tal como es.

ANÓNIMO

Amigos con fuerza industrial

Hacer amigos —amigos verdaderos— es la mejor medida que tenemos para evaluar el éxito de un hombre en la vida.
EDWARD EVERETT HALE

Existen dos categorías principales que agrupan a los diamantes que son extraídos de las minas del mundo: los que tienen calidad de gema y los que tienen calidad industrial. Ambos son diamantes genuinos y son valuados por sus propiedades únicas. Más del 80% de los diamantes del mundo son utilizados en la industria. Sólo un 20% de los que se obtienen en las minas pueden utilizarse como gemas, y menos aún son lo suficientemente grandes como para hacer una joya apenas mayor que la cabeza de un cerillo.

Sucede algo muy similar con los amigos: invertimos y atesoramos una amlia variedad de gente, pero sólo un pequeño porcentaje se convierte en joyas amadas. Ese pequeño número nos trae la mayor de las recompensas, pero no podríamos vivir sin nuestras amistades "industriales".

Mientras que el mayor valor se asocia automáticamente con las gemas, los diamantes industriales tienen muchas más aplicaciones. Larga vida, alto rendimiento y precisión son las cualidades fundamentales que se buscan en el 80% de los diamantes destinados al duro y pragmático uso industrial. Las faenas ejecutadas con ellos varían desde las más delicadas hasta las más mundanas, pero si no fuera por las propiedades únicas que tales diamantes poseen, gran parte de la industria no existiría.

Los diamantes resisten los ácidos, penetran el acero y conducen el calor mejor que cualquier otro material. Son insustituibles para grabar, triturar, labrar, pulir y afilar. El cobre, el latón y el aluminio se maquilan con herramientas de diamante, y el vidrio, metales, cerámicas, plásticos, carbón, asbestos y hule son también procesados con herramientas de diamante.

Las brocas con punta de diamante son indispensables para recuperar petróleo, mientras que la mayoría de los lentes de vidrio han sentido el roce de un diamante. Incluso la producción de lentes de contacto depende en gran medida de estas piedras.

Cuando la NASA envió una nave de prueba a Venus, en 1978, necesitaron una "ventana" que pudiera resistir la atmósfera corrosiva del planeta y el intenso calor. Dicha ventana se usaría en una cámara. Sólo un diamante pasó la prueba.

Al igual que los diamantes de calidad industrial, algunos amigos son valiosos para la labor diaria en la vida, como colaboradores, vecinos o socios. Cada uno es único a su manera. Necesitamos aceptarlos tal como son en lugar de tratar de cambiarlos para hacerlos algo que no son en realidad.

A lo largo de la vida uno se encuentra con infinidad de individuos que podrían convertirse en amigos duraderos. Algunas relaciones desembocan en amistades duraderas y fuertes, otras son genuinas y maravillosas durante el tiempo que están juntos, pero es común que la situación que los hizo encontrarse cambie al igualq ue la amistad. Estas amistades, aunque no son tan cautivadoras o fascinantes como lo son las mejores gemas, son, de cualquier manera, tan esenciales como los diamantes industriales.

QUINTA PARTE

Cortado, modelado y pulido

El desarrollo de la relación

Cortado, modelado y pulido de diamantes

HACER AMIGOS ES EL PODER QUE TENEMOS PARA SALIRNOS DE
NUESTRO PROPIO YO. ES VERNOS A TRAVÉS DE LOS OJOS DE OTRO
Y, AL HACERLO, VERNOS A NOSOTROS MISMOS TRANSFORMADOS
DE UNA PIEDRA EN BRUTO A UNA BRILLANTE GEMA GRACIAS
A SUS EXPERIMENTADAS Y REFINADAS MANOS.

THOMAS HUGHES

Antes de que el arte de cortar diamantes hiciera su aparición, los diamantes no se valuaban como cristales particularmente atractivos. De hecho, cuando los romanos empezaron a traer diamantes de la India, los montaban como anillos por su dureza y fortaleza, más que por su belleza. La palabra diamante proviene del griego adamas, que significa invencible o inconquistado.

Los historiadores piensan que el corte de los diamantes se originó en la India entre 800 d.C. y finales del siglo XV. El arte de cortar otro tipo de gemas es mucho más antiguo, pero la belleza secreta de los diamatnes no había sido aún revelada. Simplemente se consideraba como una piedra demasiado dura y por eso se usaba en su estado natural. Eventualmente, a alguien se le ocurrió frotar un diamante contra otro. El mundo nunca ha vuelto a ser el mismo.

Una cosa es saber que un diamante corta a otro diamante, y otra muy distinta es llevar a cabo el proceso entero. El acto de convertir una piedra en bruto es una gema valiosa implica la consecución de seis pasos, cualquiera de los cuales, si no es ejecutado correctamente, arruina el diamante.

Primero se marca la piedra para determinar la manera en que debe cortarse y darle el mayor valor posible. Después de marcarlo con tinta se practica la incisión.

Sólo se tiene una oportunidad de cortar. Un experto debe determinar el sentido de la "vena" del diamante en bruto y cortar a lo largo de esa vena.

El proceso de cortar en sentido contrario a la vena del diamante se conoce como "aserrar". Es una labor larga, precisa y ardua. Un disco del grueso de una hoja de papel, de sólo 35/10,000 de pulgada de espesor, cubierta con polvo de diamante abrasivo, penetra en el diamante durante un tiempo que puede variar entre cuatro y ocho horas.

El proceso de redondeo se realiza cuando el diamante se coloca en un torno y se hace redondo mediante la acción de más polvo de diamante.

El último paso es el de facetear. En una rueda plana de hierro pulido cubierto con polvo de diamante, la gema emergente recibe sus muchas facetas.

A lo largo del proceso no siempre se puede deliberar con exactitud o planear bien lo que se quisiera. Lo mismo sucede cuando escogemos a un amigo o un amigo nos elige a nosotros. Al principio, los medimos: vemos a una piedra en bruto, intuimos su potencial y hacemos algunas marcas. Podemos incluso hacer uno o dos cortes.

Sólo después de un cuidadoso estudio y cuando el tiempo y las condiciones son ideales, se da el paso mayor y más importante. Es el punto de ida sin regreso, el punto en que los amigos determinan si verdaderamente se pueden adaptar el uno al otro. Cada uno da algo de sí mismo para satisfacer al otro, o en otras palabras, un amigo, al trabajar sobre la vena, hace una incisión en el otro, mientras que ese otro hace lo mismo. Si esto resulta, el modelado y el pulido continúan virtualmente hasta que los dos se conocen plenamente.

Aunque esto suena doloroso, esto no constituye una tortura. Usted ha hecho esto antes. Quizás en su momento no se dio cuenta, pero es lo que usted ha hecho con los amigos que ya tiene.

Hacer amigos es poder salir de uno mismo. Es verse a través de los ojos de otros y, al hacerlo, verse convertido de una piedra en bruto a una deslumbrante gema, gracias a sus expertas y refinadas manos.

Tú me has dado...

Fuerza para conocerme
Esperanza de que mi vida sea mejor
Ternura cuando me sentía lastimado
Refugio cuando me sentía asustado
Solaz para mi pena
Fe cuando desesperaba
Opciones cuando atrapado me sentía
Compañía cuando estaba solo
Comprensión cuando estaba confundido
Retos para que yo cambiara
Paciencia cuando estaba desesperado
Apoyo cuando algo intenté
Aceptación cuando fallé
Fuerza para seguir adelante...
Calor para sostenerme
Introspección para mejor comprender
Sabiduría para crecer
Reconocimiento de mis logros
Guía hacia metas más altas
Y, por medio de todo esto,
un ejemplo que sostendrá
y nutrirá a la persona
en que me estoy convirtiendo.
¡Gracias por preocuparte!

SHARON CRIST

Puliendo diamantes y amigos

La gema no puede pulirse sin fricción, ni el hombre
perfeccionarse sin pruebas
PROVERBIO CHINO

Muchas personas son como gemas en bruto. Vivimos en un mundo no de extra{os, sino de amigos que aún no hemos descubierto, en espera de que liberemos su brillo; los artesanos que llevan a cabo el pulido son el grupo de seres queridos que rodean a una persona.

El pulido de la joya continúa por siempre y en ambos sentidos. Para ser un amigo tenemos el compromiso de estar ahí, presentes en el largo esfuerzo, siempre listos para comprometernos en el proceso de cortar, modelar y pulir.

Así como los diamantes nunca se encuentran ya cortados y listos para formar parte de las Joyas de la Corona, los amigos tampoco están hechos a la medida del otro. Debe ocurrir un proceso de ajuste y afirmación. Por pura necesidad, la gente debe adaptarse para formar una relación que resulte productiva. Salomón nos dice que: "El hierro afila al hierro; así el hombre afila con su apoyo al amigo". Así como el hierro afila al hierro, sólo un diamante puede cortar a otro diamante. Es este contacto continuo la constante fricción que comienza el día en que usted hace un nuevo amigo y continúa durante toda la relación.

Quinta parte

Cuando el hierro afila al hierro, ambas piezas muestran el desgaste. De hecho, llegan a adaptarse una a la otra, y si se frotan el tiempo suficiente, coinciden de tal manera que parece como si hubieran sido talladas a partir de una pieza única, sólo que más grande. Lo mismo puede decirse de los diamantes y también de nosotros. La amistad es, por mucho, "uno de los mejores regalos de Dios". Es un milagro que se renueva y pule a sí mismo gracias a la práctica constante, y que descubre la belleza que un amigo ve enterrada debajo del rudo exterior del otro. Se trata del proceso dinámico, maravilloso e ilimitadamente remunerador de la vida misma.

Todas las amistades son así, pero quizá nada ejemplifica mejor este asunto que el matrimonio. Nosotros formamos la relación de Naomi Reed y Jim Rhode. Nunca seremos 100% Reed o Rhode de nuevo, sino una combinación, una imagen refinada, afortunadamente mejor debido al corte, modelaje y pulido de la gente que nos honra con su amorosa amistad.

Lo mismo sucede en todas las relaciones cercanas. Al ser una persona que valora las marcas de aquellos que han valorado mi vida, puedo testificar que ser afilada por manos expertas es una experiencia maravillosa. Creo que soy una persona diferente e infinitamente mejor gracias a mis amistades cercanas. Y ciertamente esto se extiende también a las amistades profundas que encuentro en mi familia política e incluso en nuestros propios hijos, cuya amistad es el delineador de muchas cualidades de nuestra vida.

¿Qué es un amigo?

¿Qué es un amigo? Yo te diré. Es una persona con quien te atreves ser tú mismo. Tu alma puede permanecer desnuda con él. Parece pedirte que no te pongas nada, que sólo seas lo que en verdad eres. No quiere que tú seas mejor o peor. Cuando estás con él, te sientes como el prisionero que ha sido declarado inocente. No tienes que estar en guardia. Puedes decir lo que piensas, hasta el punto de poder afirmar que se trata de tu ser genuino. Él comprende aquellas contradicciones de tu naturaleza que llevan a otros a juzgarte erróneamente.

Con él respiras libremente. Puedes admitir tus pequeñas vanidades, envidias, odios, tus malicias y absurdos, y abriéndolos a él, se pierden, disueltos en el blanco océano de su lealtad. Él comprende; no tienes que ser cuidadoso.

Puedes abusar de él, negarlo, tolerarlo. Lo mejor de todo es que aún puedes estar con él. No importa. Él gusta de ti —es como un fuego que llega a los huesos. Él comprende. Puedes llorar con él, cantar con él, reír con él, orar con él. Por medio de todo —y debajo de la superficie— él ve, sabe y te quiere. ¿Un amigo? ¿Qué es un amigo? Sólo aquél, repito, con quien te atreves a ser tú mismo.

C. RAYMOND BERAN

Presidente de su club de admiradores

Nuestra opinión de la gente depende menos de lo que en ellos vemos que de lo que ellos nos hacen ver de nosotros.
SARAH GRAND

Una madre y su hijo de 15 años discutían sobre la nueva novia de este último.

—¿Qué le gusta a ella de ti? —preguntó la madre.

—Eso es fácil —dijo él—. Ella piensa que soy guapo, divertido, inteligente y talentoso.

—¿Qué es lo que te gusta de ella?

—Que piensa que soy guapo, divertido, listo y talentoso.

Recuerdo muy bien cuando nuestros hijos se casaron. A mí me encantaba escuchar lo que ellos amaban de su compañero y lo que su compañero amaba en nuestro hijo. Tenían una manera especial de ver sólo lo mejor de cada uno, y continuamente alababan a la otra persona.

Los verdaderos amigos son personas que, sin reserva, ven lo mejor de nosotros y nos permiten ser nosotros mismos. Los verdaderos amigos nos impulsan y nos alientan para aspirar a más de lo que creemos que somos capaces de lograr. Se trata de las personas que forman parte de nuestros pensamientos y emociones. Quieren ser los presidentes de nuestro club de admiradores.

Su propio mejor amigo

La amistad con uno mismo es importante porque sin ella uno no puede ser amigo de nadie más en el mundo.
ELEANOR ROOSEVELT

Una amiga mía usa dos hermosos anillos de diamantes en su mano derecha. Cuando le pregunté sobre ellos un día, ella dijo: "me recuerdan que tengo valor, que debo ser buena conmigo misma, que tengo que fijar mis metas y lograr llegar a ellas". Después me contó una singular historia sobre esos anillos.

Me explicó que después de 17 años de matrimonio tuvieron que mudarse a una nueva ciudad, donde su esposo había obtenido un nuevo trabajo. Ella tuvo que estar en el hospital por unos cuantos días para hacerse una cirugía menor. Su esposo le dijo que saldría de la ciudad "por motivos de negocios". Cuando ella regresó a casa, encontró su cuenta bancaria en ceros y su casa rentada completamente vacía; su esposo y sus dos niños pequeños se habían marchado sin dejar rastro.

Económicamente arruinada, emocional, mental y físicamente devastada, ella terminó durmiendo en su coche mientras buscaba trabajo y trataba de localizar a sus hijos y a su marido. Incapaz de detener la espiral que la llevaba hacia abajo, ella se percató de la necesidad de hacer algo para volverse a levantar. Un día, mientras recorría las tiendas de un centro comercial en busca de empleo, le llamó la atención un hermoso collar de diamantes. Cierta atracción desmedida hacia este collar la obligó a regresar al escaparate de la tienda todos los días para observar el brillo de sus diamantes.

Era como si la luz del sol que bailaba en los diamantes fuera un arco iris de esperanza que prometiera: "puedo pertenecerte; tu vida va a mejorar; puedes salir de esto; no te des por vencida". Finalmente, entró en la tienda, preguntó el precio del collar y cuánto costaría convertirlo en un anillo.

Seis meses después, mi amiga usaba el hermoso diamante como anillo. Un año después, y una vez que localizó a sus hijos y obtuvo su custodia legal, ella lo celebró regalándose un anillo de diamantes para que complementara al primero. Ella le da el crédito de todo a Dios, pero dice que la belleza de ese arreglo de diamantes parecía darle ánimos de que la vida podía volver a ser hermosa, pero que tendría que trabajar muy duro. Y así fue.

Ahora, al usar anillos recuerda constantemente el sufrimiento de los tiempos duros, la alegría y el agradecimiento por localizar a sus hijos y encontrar una maravillosa carrera. Ella se los dio a sí misma como regalo, pero el regalo subyacente fue la renovación de su creencia en sí misma y en su valía como su propia mejor amiga.

Nuestra necesidad de seguridad puede no ser tan dramática como la suya, y ciertamente no necesitamos comprarnos diamantes para ser nuestro propio mejor amigo, pero hay muchas pequeñas cosas que podemos y debemos hacer por nosotros mismos para poder ser amigos de los demás.

Sé amigo de ti mismo, y otros lo serán de ti.
>PROVERBIO ESCOCÉS

>Voltéalo y analiza sus fibras; vé si es un
>Amigo para sí mismo que sería amigo para los
>demás.
>Ya que primero se requiere que un hombre se
>pertenezca a sí;
>Pero no tanto como para no ser amigo de
>ninguno. Entonces descansa y comprende el
>valor de un amigo,
>Que incluso es adquisición más valiosa que
>aquella que se hace de la tierra
>>BEN JONSON

Deseo conducir los asuntos de esta administración de manera que si al final, cuando venga a entregar las riendas del poder, he perdido a todos y cada uno de los amigos en la tierra, tendré al menos uno, y ese amigo estará dentro de mí.

>ABRAHAM LINCOLN

La amistad es una bendición especial de las alturas. Es compartir actividades con alguien que comprende y se interesa. Es un tibio rayo de sol que llena nuestros corazones en tiempos de necesidad. Es hacer nacer cosas bellas en ambos, cosas que nadie más se había esforzado en encontrar. Es la confianza mutua y la honestidad lo que nos permite ser nosotros mismos en todo momento.

>INVERSON WILLIAMS

Los amigos y los diamantes pueden ser alterados

> EL HOMBRE SABIO BUSCA UN AMIGO EN EL QUE ESTÉN
> AQUELLAS CUALIDADES DE LAS QUE ÉL MISMO PUEDE CARECER;
> PARA ASÍ, ESTANDO UNIDOS, SU AMISTAD ESTÉ MUCHO
> MEJOR DEFENDIDA CONTRA LA ADVERSIDAD.
> JEREMY TAYLOR

Aunque la coloración de los diamantes ocurre de manera natural, el color puede ser cambiado. A finales del siglo pasado se descubrió que un diamante expuesto al radio cambia de color. Al bombardear el diamante con un rayo de electrones o neutrones, algunos de los átomos de carbón salen de sus posiciones normales, creando nuevos colores —amarillo, verde, rosa, rojo o azul.

Así como los diamantes pueden ser alterados, nuestras vidas pueden ser cambiadas por nuestros amigos. Mi vida es alterada por la relación con mi amiga y vecina, Bonnie, con quien hago largas caminatas cada año. Ella conoce mi corazón, se interesa por mi familia, se regocija con mis triunfos, aplaude e incluso aprueba el desarrollo de mi vida. Bonnie reacciona a mis ideas y sentimientos, evaluando cuidadosamente lo que ella considera que es mejor para mi vida.

No tratamos de cambiarnos mutuamente de manera

intencional, pero nos cambiamos la una a la otra al bombardear nuestras vidas con nuestras ideas y patrones de pensamiento, hasta que somos alteradas por nuestra influencia. Debido a nuestra relación, cambiamos una al lado de la otra.

Alguien dijo que "los amigos se ríen de nuestras bromas más tontas, mejoran nuestros peores estados de ánimo, participan de nuestras ideas más locas, y siempre ven lo mejor que hay en uno". ¿Qué es lo que nos atrae hacia nuestro mejor amigo? ¿Qué cualidades poseen que le añaden a su vida una nueva dimensión y plenitud?

La manera en que dos personas se conectan es diferente para cada amistad, dado que cada individuo es único. Los diamantes generalmente se ven incoloros porque reflejan todas las longitudes de onda a la luz visible de manera uniforme. Pero usted mismo desplegará distintos atributos al relacionarse con gente distinta. ¿Qué clase de luz proyectan sus amigos en su vida?

Seleccione sus diamantes

Hay cuatro clases de amistad: amigos que odiarán a sus enemigos, amigos que lucharán en sus batallas, amigos que le prestarán dinero, y amigos que le prestarán sus oídos. Es el último el que más sufre.

ANÓNIMO

Hay tres amistades que resultan ventajoas: la amistad con el honrado, con el sincero, y con el hombre de gran observación. La amistad con el hombre de grandes aires, con el insinuantemente sutil, con el de gran labia, éstas son injuriosas.

CONFUCIO

De la elección de los amigos
Depende nuestro buen o mal nombre.

JOHN GAY

SEXTA PARTE

Examen de diamantes en busca de suciedad

Pase por alto las imperfecciones

Todos los diamantes tienen imperfecciones

> Los mineros de diamantes gastan su vida laboral examinando toneladas de tierra en busca de pequeños diamantes. Comúnmente, nosotros hacemos lo opuesto con nuestras amistades íntimas. Examinamos los diamantes buscando tierra.
>
> N. STINNETT

Todos los cristales de diamante son impuros. Estas impurezas pueden afectar las propiedades de la piedra reduciendo su habilidad para conducir el calor y cambiar su color. Pero a veces son precisamente estas impurezas las que resultan benéficas para un diamante, las que lo hacen único y de especial belleza. Las impurezas pueden endurecer a un diamante previniéndolo así contra deformaciones permanentes en condiciones extremas, y pueden darle a algunas de las más raras gemas un color distintivo. Las imperfecciones pueden darle a la piedra rojos brillantes, verdes o azules, o pueden hacer que el diamante se vea opaco o sucio.

Los diamantes crecen al agregarse nuevos átomos de carbón a su superficie. Las inclusiones, imperfecciones que resultan del crecimiento del diamante alrededor de una partícula de materia extraña que queda atrapada, contienen mucha información sobre las condiciones existentes en el momento en que el diamante se formó. Al crecer la piedra, las inclusiones se adaptan a la forma del diamante convirtiéndose en parte de él. Algunos diamantes son famosos por sus inclusiones. La película original de la *Pantera Rosa* fue llamada así en alusión a una imperfección rosa con forma de gato que hacía de este diamante algo único y valioso.

De acuerdo con los estándares industriales, una piedra puede ser considerada "perfecta" si, bajo una amplificación de 10 aumentos, no se localizan imperfecciones visibles, pero bajo un mayor aumento, ninguna piedra carece de imperfecciones. Lo mismo sucede con los amigos. Si usted escudriñara lo suficiente, se desilusionaría de todo mundo. Así que ¡hágase para atrás!

¿Usted ha descartado a un amigo debido a una imperfección, a una "partícula de suciedad", en lugar de retener su amistad por los diamantes? ¿O lo ha descartado por esa misma razón? Por otro lado, una verdadera amistad es aquélla en la cual nuestro amigo comprende, ve, experimenta las imperfecciones, y de todas maneras ama intensamente. ¡Qué regalo!

Para mí, lo mejor de esta experiencia es la completa aceptación que recibo de mi marido, Jim. Después de 30 años de matrimonio él conoce todas mis imperfecciones, pero me da el regalo de su aceptación y de su amor.

La verdadera amistad implica aceptación. La otra persona nos acepta con todas nuestras virtudes, faltas y peculiaridades. Asimismo, nosotros lo aceptamos con toda su fuerza, debilidad e individualidad.

Acepte a sus amigos de la misma manera en que usted quiere ser aceptado por ellos. Después de todo, cualquiera que busca un amigo sin imperfecciones se quedará sin amigos, así que no busque la suciedad entre los diamantes.

La perfección no es esencial a la amistad

La marea de la amistad no se eleva hasta alcanzar los bancos de la perfección. La debilidad amable y los tiempos de insuficiencia son el alimento del amor. Es precisamente gracias a la rudeza e imperfección de un hombre que usted es capaz de asirlo... Mis amigos no son perfectos —no más de lo que yo soy— así que congeniamos admirablemente. Es una de las dispensiones caritativas de la Divina Providencia el hecho de que la perfección no sea esencial a la amistad.

ALEXANDER SMITH

Cableado defectuoso

PREFIERO A UN AMIGO QUE TENGA DEFECTOS DE LOS
QUE SE PUEDA HABLAR.
WILLIAM HAZLITT

Tengo un muy buen amigo que tiene un único "defecto" que ha salido a relucir un par de veces en el transcurso de nuestra relación. Cuando se pone detrás del volante de mi automóvil, el pedal del freno y el acelerador invierten sus funciones. Dos veces me ha pedido prestado mi carro; dos veces lo ha chocado.

Se sintió muy mal cuando chocó mi coche hace unos cuantos años. Lo habíamos olvidado todo cuando me volvió a pedir prestado mi carro recientemente para hacerme un favor. De alguna manera, durante los cinco minutos que transcurrieron entre el momento en que le dí las llaves y el momento en que llegó a recogerme, chocó la parte lateral de mi auto.

No había palabras adecuadas para expresar lo que ninguno de los dos podíamos expresar. Se sentía terriblemente apenado y yo llegué incluso a encontrar humor en la cara de niño indefenso que tenía. Incapaz de decir palabra, me doblé de risa hasta que se me salieron las lágrimas. Él también estaba a punto de llorar, pero no lo hizo porque se dio cuenta de lo gracioso del momento. Cuando lo vi así de risueño, le pedí que firmara un pagaré por mil dólares. Cuando él necesitó simpatía y comprensión, todo lo que pude ofrecerle fue mi risa. No lo critiqué por el daño hecho a mi carro; él no me criticó por mi risa. Puedo aceptarlo fácilmente sin importar sus defectos ocasionales porque él también me acepta sin importarle los míos.

Los defectos son parte de nuestro brillo

El amor es ciego; la amistad cierra los ojos.
PROVERBIO FRANCÉS

Es bueno cuando uno juzga a un amigo, recordar que él nos está juzgando con la misma imparcialidad superior.
ARNOLD BENNETT

Todo lo que podemos hacer es que nuestros mejores amigos amen y alienten lo bueno en ellos mismos, y guarden aquello que es malo.
THOMAS JEFFERSON

No recuerdo una amistad duradera sin que haya tenido tintes absurdos en su carácter. Mientras más escenas de risa cometa un hombre en nuestra compañía, será mayor prueba que no nos traicionará ni se pasará de la raya.
CHARLES LAMB

Diamantes desechables

Todo amigo tiene al menos un defecto. Estoy seguro de que yo tengo más de uno. La amistad tiene que ser comprensiva y aceptar, sin rencor, aquello que no es perfecto a cambio de lo que sí lo es. Las personas que no están de acuerdo corren el riesgo de perder algo muy valioso.
Sería como tirar un diamante en la basura por haber descubierto en él una pequeña imperfección. Peor que eso. Uno siempre puede comprar un nuevo diamante en una joyería, pero nunca se logra sustituir a un amigo.

GAYLE LAWRENCE

¿Ha conocido usted a alguien que tire un diamante? Así, tan absurdo como suena, algunas personas tiran sus diamantes cuando se cansan de la relación que el diamante simboliza. Para unas cuantas personas, ese momento llega pronto.

Supe de una pareja que, en su noche de bodas, salió a cenar con sus padrinos de boda. El novio dijo algo que no le gustó a la novia y empezó el primero de una serie de berrinches. La ira dominó a la razón en el momento que ella se quitó su anillo de diamantes y lo arrojó en el restaurante.

Horrorizados, el novio y el padrino pasaron los siguientes 45 minutos a gatas buscando el anillo, un valioso legado familiar que había pertenecido a su madre. Aparentemente, la novia decidió arrojar el anillo porque su marido tenía una imperfección. Eventualmente, las imperfecciones de la novia provocaron que ella perdiera algo mucho más valioso que el diamante: su esposo.

Pase por alto las imperfecciones

Mi amigo es aquel que me dirá mis defectos, en privado.

IBN GABIROL
CHOICE OF PEARLS

Dos personas no pueden ser amigos por mucho tiempo si no logran perdonar sus pequeñas fallas.

ANÓNIMO

Quien busca un amigo sin fallas se queda sin ninguno.

PROVERBIO TURCO

SÉPTIMA PARTE

Cuidado de nuestros diamantes

Evite el rompimiento de las amistades

Cuide sus diamantes

> UN HOMBRE DEBERÍA MANTENER SUS AMISTADES
> EN CONSTANTE REPARACIÓN.
> SAMUEL JOHNSON

Durante 17 años dejé el diamante de mi madre en una caja de seguridad, en lugar de usarlo como un recuerdo continuo de ella. Ahora lo uso casi todos los días y recuerdo así constantemente la belleza de su vida. Es demasiado común encontrar que nuestras amistades son como los diamantes. Son pulidos, cuidados y tratados con delicadeza, pero los mantenemos en nuestras manos por sólo unos momentos; después los guardamos en un lugar seguro de nuevo. Así nos proveen con placer sólo cuando nosotros lo consideramos conveniente. El resto del tiempo mantenemos a nuestros amigos en las "cajas de seguridad" de nuestra mente, en lugar de disfrutar de su belleza diariamente.

Tales relaciones se estancan y dejan de crecer. Por ello, debemos evitar las relaciones frías, duras, impersonales y materialistas que pueden hacer que el hecho de poseer un diamante sea una experiencia sin valor.

Los diamantes, tan duros como son, no son indestructibles. Pueden ser quebrados por un pequeño golpe dado en el lugar indicado. Como amigo, es su deber proteger las vulnerabilidades de aquéllos a quienes ama. Sus amigos pueden haberlo visto en las buenas y en las malas, y haber soportado con usted grandes pruebas, pero si usted los golpea donde más les duele, usted podrá destruir la relación para siempre. Henry Ward Beecher decía: "decirle a un amigo sus defectos es una de las más severas pruebas de amistad. Es como amar a un hombre en el que no se quiere ver nada malo y decirle la dolorosa verdad por medio de palabras amorosas; ésa es la amistad".

Requiere de un gran cuidado descubrir gemas perfectas, e incluso un cuidado aun mayor se le encomienda a aquel que guarda la gema. Para lucir su máxima belleza, necesitan ser limpiadas y pulidas, así como ser revisadas regularmente. Con la amistad sucede lo mismo.

Considerando el tiempo que algunas personas emplean para limpiar, pulir, abrillantar, admirar y guardar en lugar seguro una roca, es increíble el número de relaciones humanas que se dejan cubrir de polvo y mugre para después dejarse perder debido a la negligencia.

El arte de la amistad

La amistad es el arte de olvidarse de uno mismo totalmente, de necesitar y llegar a conocer la persona y el carácter de otro.

Es aprender a aceptar al amigo no por lo que es externamente, sino por lo que le revela a usted desde el interior. Es fortalecerse uno mismo con las cualidades encontradas en otro y las experiencias compartidas mutuamente.

Es aprender y crecer para interesarse por una persona de manera tal que usted se sienta triste cuando ella lo esté, que usted sea capaz de sentir la alegría que ella siente.

Amistad significa estar ahí para darse el uno al otro sin pensar en recibir, estar ahí para apoyarlos cuando ellos se sienten débiles, o darles su sonrisa cuando han perdido la suya propia.

La amistad es la combinación de dos almas únicas para formar un espíritu completo con una fuente común de amor y cariño. El arte de la amistad, en su forma más básica es amor que se preocupa.

VICKI MCCLELLAND JETER

Ven a compartir mi regazo

Un amigo es alguien que canta contigo cuando estás en la cima de una montaña, y camina silenciosamente a tu lado al atravesar el valle.

ANÓNIMO

Sarah tenía sólo siete años cuando Sandy, su vecina y mejor amiga, murió en un horrible accidente. Sarah le dijo a su mamá que necesitaba ver a la madre de Sandy para hacerla sentir mejor.

Cuando regresó a casa, la madre de Sarah le preguntó qué había hecho para consolar a la mamá de Sandy.

Con el labio inferior tembloroso, Sarah contestó: "sólo me senté en su regazo y lloré con ella".

El tiempo que se comparte

La verdadera prueba de amistad es ser capaz de sentarse o caminar con un amigo durante una hora, en perfecto silencio, sin preocuparse por la compañía del otro.

DINAH MARIA MULOCK CRAIK

La amistad sólo es genuina cuando dos amigos, sin hablarse el uno al otro, pueden de cualquier manera encontrar alegría al estar juntos.

GEORGE EBERS

Si tú tienes un amigo al que vale la pena querer, quiérelo, y déjale saber que lo quieres tanto como al resplandor de un bello atardecer. ¿Por qué decir las palabras hermosas a un amigo hasta que ya ha muerto?

ANÓNIMO

Tenemos una generación de gente que trabaja muy duro para encontrar cosas que hacer juntos, pensando que la amistad proviene de esa clase de actividad frenética... la clase de encantadora amistad y camaradería que se ve en los anuncios de cerveza que pasan por la televisión. No hay nada de malo en ello, pero eso no es amistad.

La verdadera prueba de amistad es: ¿Gozas tú de no hacer nada con la otra persona? ¿Puedes disfrutar juntos de esos momentos de la vida que son terriblemente simples? Ésos son los momentos a los que la gente acude al final de la vida y enumera como las experiencias más sagradas que tuvieron.

EUGENE KENNEDY

No siempre puedes curar, pero siempre puedes consolar.
HIPÓCRATES

Un ejemplo de amistad

En su primera temporada con los Dodgers, de Booklyn, Jackie Robinson, el primer hombre de color que jugó en las ligas mayores, tuvo que enfrentar odios en casi cada lugar al que viajaba —bolas rápidas dirigidas a su cabeza, pisotones en las bases, epítetos brutales del equipo contrario y las multitudes. Durante un juego en Boston, la discriminación racial pareció llegar a su máximo. En medio de esto, otro jugador de los Dodgers, un blanco del sur llamado "Pee Wee" Reese, pidió un tiempo fuera. Camino de su posición de *shortstop* a la sebunda base en la que jugaba Robinson, puso su brazo alrededor del hombro de Robinson y se quedó así con él durante lo que pareció ser bastante tiempo. Ese gesto habló más elocuentemente que las palabras: "este hombre es mi amigo".

WILLIE MORRIS
EN PAREDE MAGAZINE

La única manera de tener un amigo

La única manera de tener un amigo
 Es ser amigo de uno mismo;
La única manera de conservar un amigo
 Es compartir esa riqueza.

Ya que una amistad debe ser recíproca,
 Cada uno debe dar su parte
 De los sentimientos verdaderos
Que albergan las bendiciones existentes.

Tú podrías decir: "él es mi amigo",
 y tal vez esto sería suficiente
Pero más bien deberías decir: "yo soy su amigo",
 Y probar que esto sea cierto.

ANÓNIMO

Cajas de alabastro

No mantenga las cajas de alabastro de su amor y ternura selladas hasta que sus amigos estén muertos. Llene su vida con dulzura. Hable con palabras alentadoras y aprobatorias mientras sus oídos puedan oír y mientras sus corazones puedan emocionarse y alegrarse con ellas. Diga la clase de cosas que de verdad quiere decirles antes de que se vayan. Las flores que usted desea mandar deben traer luz y dulzura a la casa de sus amigos antes de irse. Si mis amigos tienen guardadas cajas de alabastro, llenas de fragantes perfumes de simpatía y afecto, preferiría que las sacaran en mis horas de afección y las abrieran, ya que así tal vez me sentiré fresco y alegre. Aprendamos a rendir homenaje a los amigos con anticipación. Las delicadezas *post mortem* no alegran el alma triste. Las flores no pueden hacer llegar su fragancia hasta el corredor que nos lleva a lo desconocido.

ANÓNIMO

A la vuelta de la esquina tengo un amigo,
En esta gran ciudad, sin final;
Y los días pasan, y las semanas se apresuran,
Y sin que me dé cuenta un año se ha ido ya,
Y nunca veo la cara de mi viejo amigo,
Ya que la vida es una rápida y terrible carrera.
Él sabe que lo quiero tan bién
Como en los días en que yo tocaba su timbre
Y él tocaba el mío. Entonces más jóvenes éramos,
Y ahora hombres ocupados y cansados somos:
Cansados de jugar un juego tonto,
Cansados de intentar formar un nombre.
"Mañana", digo yo, "llamaré a Jim,
Para mostrarle que pienso en él."
¡Pero mañana viene —y mañana va,
Y la distancia se alarga entre nosotros
A la vuelta de la esquina! —aunque a gran distancia...
"Telegrama para usted, señor..."
    JIM MURIÓ HOY.
Y eso es lo que obtenemos y merecemos al final:
A la vuelta de la esquina, un amigo se ha esfumado.

       CHARLES HANSON TOWNE

Epitafio para un amigo

"Aquí yace el amigo de sir Philip Sydner."
(Ordenado por lord Brooke para ser inscrito
en su propia lápida.)

Las amistades verdaderas están marcadas por la devoción del uno al otro. Yo descubrí una amistad mientras estaba de visita por la casa de Andrew Jackson, en Tennessee. Jackson tenía un esclavo que había nacido en su plantación; vivió ahí toda su vida y murió a los 99 años. En el transcurso de su vida, este maravilloso hombre de color honró a Andrew Jackson y le fue fiel. Su último deseo antes de morir fue que lo enterraran junto a su mejor amigo, Andrew Jackson. Al entrar al cementerio familiar, junto a todas las impresionantes lápidas, hay una pequeña roca cerca de la tumba de Jackson, que marca la tumba de su esclavo y afirma el valor de la amistad.

> No guarde sus discursos cariñosos
> Hasta que sus amigos estén muertos;
> No les escriba en sus lápidas,
> Mejor hable con ellos ahora.

ANNA CUMMINS

Séptima parte

Lo menor de la vida es un amigo

Una de las mejores cosas de la vida son los amigos. Usted los puede encontrar adonde quiera que vaya.

Los amigos son esenciales porque ayudan a obtener lo mejor que hay en usted. Cuando ven lo peor, siguen interesándose. Ello sólo aceptan.

Los amigos son las estrellas de sus recuerdos felices. En sus recuerdos amargos, son hombros en los que se ha apoyado y corazones que lo escucharon. Ellos sólo aceptan.

Los amigos lo ayudan en tiempos de necesidad. Cuando las cosas van bien, ellos están contentos de ser sus amigos. Ellos saben.

Los amigos ayudan a crear todos sus momentos divertidos; siempre están ahí para esparcir sonrisa y alegría. Cuando necesita lágrimas, los amigos las proveen también. Ellos comprenden.

Usted, mi amigo, es de éstos. Y más que nada, cuando lo necesite, recuerde que los amigos lo quieren como lo quiero yo.

MARÍA ELENA NÁJERA

OCTAVA PARTE

Por qué se rompen los diamantes

Y los amigos se separan

El diamante que se quiebra

La amistad es un jarrón, el cual, cuando es expuesto al calor o a la violencia, o por accidente, puede romperse de una vez; después de eso no se puede volver a confiar en él... Las piedras comunes, si se fracturan, pueden ser pegadas con cemento; pero las piedras preciosas, nunca.

WALTER SAVAGE LANDOR

Un doctor en Los Ángeles casi enloqueció cuando su novia anunció sus planes de casarse con otro hombre. Arrancó del dedo de la muchacha el anillo nuevo de dos kilates que el hombre que planeaba casarse con ella le había dado, bajó hasta el sótano y lo destruyó con una prensa. El prometido de la mujer dio aviso a la policía después de enterarse que el anillo de diez mil dólares había sido destruido, y la policía arrestó al doctor para investigar el delito de robo.

Los diamantes son la gema preciosa más dura que conoce el hombre, pero no son indestructibles. Así de valiosos y hermosos como son, sólo pueden resistir determinada fuerza. Su punto de fusión se encuentra a seis mil 900 grados Fahrenheit —dos y media veces más alto que el punto de fusión del acero— y pueden entonces llegar a quemarse y convertirse en monóxido de carbono y en dióxido de carbono. Si se golpean en el lugar equivocado, es fácil convertir un diamante en polvo. Los diamantes, tan duros como son, no pueden absorber golpes; los amigos deben hacerlo.

Al ser expuestos al rigor de la vida real, la materia de la que están compuestos algunos amigos puede destruirse tan fácilmente como se destruye un diamante. Mientras más íntima y valiosa se vuelve una amistad, más cuidadosamente debemos guardarla de influencias devastadoras.

Como amigo, es su deber proteger las vulnerabilidades de aquéllos a quienes usted ama. Sus amigos podrían haberlo visto a lo largo de tiempos malos y buenos, felices y tristes, y haber resistido grandes pruebas junto a usted, pero si los golpea en su punto vulnerable, usted puede destruir la amistad para siempre. Mientras más cercano es un amigo, más lo conocemos y sabemos lo mucho que lo podemos lastimar con nuestras palabras, acciones o revelaciones. ¡Cuánta confianza implica aquello que se llama amistad!

Mientras que los lazos de la amistad deben ser tan fuertes como los eslabones que sostienen juntas las moléculas de carbono de un diamante, los amigos deben ser flexibles y condescendientes cuando es necesario. Con esta medida de fuerza y maleabilidad, la verdadera amistad es infinitamente más valiosa y más hermosa que cualquier diamante.

Evite que una amistad se rompa

La mejor manera de hacer que las amistades no se rompan, es no dejarlas caer.
ANÓNIMO

A un amigo no se le debe lastimar, ni siquiera en broma.
CIRO

El lenguaje de la amistad no son las palabras, sino los significados. Se trata de una inteligencia que va más allá del lenguaje.
HENRY DAVID THOREAU

Hay muchos momentos en la amistad —así como en el amor— en que el silencio está más allá de las palabras. Las faltas de nuestro amigo pueden resultarnos claras, pero es bueno hacer como si cerráramos los ojos ante ellas.

La amistad es tratada usualmente por la mayoría de la humanidad como si se tratara de una cosa eterna y resistente, la cual sobrevive a cualquier clase de maltrato. Pero estamos ante un craso y tonto error; puede morir en una hora debido a una sola palabra poco sabia...
MARIE LOUISE DE LA RAMEE

No se vanaglorie usted de que la amistad lo autoriza a decir cosas desagradables a sus amigos íntimos. Mientras más cercana sea la relación con una persona, más necesarios se vuelven el tacto y la cortesía.
OLIVER WENDELL HOLMES

Es común que la distancia separe a los amigos

He perdido amigos, algunos debido a la muerte; otros debido a la completa inhabilidad para cruzar la calle.

VIRGINIA WOOLF

Cuidamos de nuestra salud, guardamos dinero, hacemos nuestro espacio limitado y nuestras ropas suficientes; pero ¿cuántos aspiran sabiamente a la mejor de las propiedades: los amigos?

RALPH WALDO EMERSON

El afecto puede soportar tormentas muy severas de vigor, pero no un largo periodo de indiferente frío polar.

SIR WALTER SCOTT

La amistad, como el amor, se destruye con la larga ausencia, por lo tanto debe ser incrementado con cortas intermitencias.

SAMUEL JOHNSON

Pero no tiene que...

Cuando vivimos uno cerca del otro, participamos en las mismas actividades. Nuestra amistad era fuerte porque compartíamos muchas cosas. Ahora vivimos separados y rara vez nos vemos, pero nuestra amistad es aún más fuerte porque compartimos el mismo sentimiento. Este acercamiento de corazones es lo que hace amistades para toda la vida, como la nuestra.

SUSAN POLIS SCHUTZ

Ninguna distancia o tiempo puede debilitar la amistad de aquellos que están profundamente persuadidos de su respectiva valía.

ROBERT SOUTHEY

Los amigos, sin importar qué tan separados estén, crecerán en mutua simpatía, amor y cercanía.

ANONIMO

El destino le sonrió a uno pero al otro no

Un verdadero amigo es aquel que gusta de ti sin importar tus logros.
> ANÓNIMO

Si al principio tú no triunfas, probablemente tendrás más amigos.
> ANÓNIMO

Quite la envidia de un carácter y así dejará grandes posibilidades para la amistad.
> ELIZABETH B. CUSTER

Aquel que deja una amistad por ambición, quema una fotografía para obtener las cenizas.
> PROVERBIO ÁRABE

El dinero muestra su espantosa cabeza

El hombre que no tiene dinero y presta a los amigos, no tendrá enemigos.

ANÓNIMO

La bendita pasión de la amistad es de naturaleza tan dulce, firme, leal y duradera, que es capaz de durar a través de toda la vida, si es que no se le pide que preste dinero.

MARK TWAIN

Antes de pedir dinero prestado a un amigo, decida cuál de las dos cosas necesita más.

PROVERBIO ESTADOUNIDENSE

Cuando negocie con un amigo, deje la oferta clara y bien especificada; sólo así continuarán siendo amigos hasta el final.

BENJAMIN FRANKLIN

La amistad es como el dinero: es más fácil hacerlo que conservarlo.

SAMUEL BUTLER

En ocasiones los amigos se desilusionan el uno del otro

Las promesas pueden atraer amigos, pero el no cumplirlas los convertirá en enemigos.
ANÓNIMO

Tome su tiempo para escoger un amigo; tómese aún más tiempo para cambiarlo.
BENJAMIN FRANKLIN

Mantenga bien cuidada la lengua y mantendrá así a los amigos.
GEOFFREY CHAUCER

Hacemos más enemigos por lo que decimos, que amigos por lo que hacemos.
JOHN CHURTON COLLINS

La mejor manera de mantener a sus amigos es no dejarlos ir.
WILSON MIZNER

Los amigos pueden tener valores en conflicto

Nunca he considerado una opinión divergente en política, en religión o en filosofía, como causa para separarse de un amigo.

THOMAS JEFFERSON

Los sentimientos son aquello que une a la gente; las opiniones son lo que las separa. Los sentimientos son un adherente simple que nos reúne; las opiniones representan el principio de distinción que separa. Las amistades de juventud son fundadas durante nuestra formación; los pequeños grupos de la vejez son para culparse más tarde. Si nosotros pudiéramos darnos cuenta de esto antes y lograr llegar a un punto de vista liberal en relación con los demás cultivando nuestra propia actitud mental, seríamos más conciliadores y trataríamos de obtener por medio del adherente del sentimiento lo que la opinión ha dispersado.

JOHANN WOLFGANG VON GOETHE

Algunos diamantes vienen con una maldición

El crucero llegó a las tibias aguas de Jamaica y era la noche en que la palabra "cena" significaba vestir formalmente. En el extremo de la mesa, un hombre se dio cuenta de que la mujer que estaba sentada junto a él usaba un pendiente de diamante. Era el diamante más grande que había visto en su vida.

—Espero que no le moleste que le diga esto, pero ese diamante es hermoso —dijo él.

Ella sonrió complacida. —De ninguna manera me molesta, y gracias —dijo ella—. Es el diamante Klopman.

El hombre pareció confundido. —He escuchado hablar sobre el diamante Hope y algunos otros —dijo él—, pero el Klopman me resulta nuevo.

La mujer explicó que el diamante Klopman era muy parecido al diamante Hope, aunque un poco más pequeño. De cualquier manera, el corte era idéntico y eran de igual calidad. Incluso el diamante Klopman venía con una maldición, al igual que el diamante Hope.

—Eso es asombroso. ¿Y viene con una maldición?

La mujer asintió. —Disculpe mi curiosidad, pero ¿de qué clase de maldición se trata? —preguntó él.

—"Del Sr. Klopman."

ALEX THIEN
MILWAUKEE SENTINEL

Diamantes que usted no quiere poseer

Es mejor un amigo con un plato de comida que cien con una queja.
ANÓNIMO

Los diamantes son piedras exquisitas, brillantes, llenas de luz, que provienen de la tierra. Se han librado batallas por ellos; la gente ha matado por ellos; algunos han pagado millones de dólares para poseerlos; hay ladrones que han arriesgado sus vidas para robarlos. Sin embargo, incluso con su valor y belleza, éstas increíbles gemas comúnmente le han traído miseria a la gente.

Aquellos que han estado ligados a los legendarios diamantes que poseen alguna maldición, han pagado un precio alto por su vanidad. En 1701 un minero de la India, recientemente destituido, descubrió una gran gema. Trató de venderla a un capitán de barco. Éste insistió en que el minero lo acompañara en un viaje, y una vez en alta mar, arrojaron al minero por la borda. El capitán vendió el diamante por una modesta suma y eventualmente terminó ahorcándose. Después la joya fue vendida a Thomas Pitt, quien tuvo sospechas y durmió con el diamante bajo la almohada y una pistola cerca de la cama. Después fue vendido a la familia real francesa y supuestamente causó que Luis XVI perdiera su cabeza en la guillotina. El diamante, conocido como el Regente, ahora reside en el museo de Louvre, donde ya no causa ningún daño a nadie.

Otro diamante con una historia espantosa es el diamante Hope, que ahora se exhibe en el Instituto Smithsoniano. Los rumores de que este diamante había sido robado del ojo derecho de una estatua de un dios hindú, llevaron a la creencia de que el dios había maldecido la piedra, dando como resultado la muerte trágica de aquellos que poseyeron el diamante.

Algunos creen que las desgracias que cayeron sobre las personas que estuvieron bajo la maldición del diamante fueron sólo mezcla de coincidencia y superstición. Otros creen que los diamantes pueden ser tan nefastos como bellos. Es difícil pasar por alto la belleza de un diamante y mirar los problemas que pudiera éste traer en un futuro.

Las amistades son muy parecidas. Una gema recién descubierta puede ser muy bella y atrayente, y puede ser muy difícil saber lo destructiva que podría ser en su vida.

Jim y yo conocimos cierta vez a una pareja que peleaba y discutía todo el tiempo. Uno de nuestros hijos preguntó: "¿Por qué están ustedes siempre tan de mal humor después de haber salido con esas personas?" Nuestros niños hicieron que nos diéramos cuenta de que estos amigos nos afectaban emocionalmente.

Algunos amigos pasan por alto la belleza y grandiosidad de usted como persona, y se concentran en sus defectos. Pueden violar confidencias, hacer ligeras las cosas que para usted son serias, deprimirlo, olvidar los compromisos. Usted puede haber pasado grandes momentos con ellos, pero frecuentemente carecen de la habilidad para apoyarlo y preocuparse por usted. Llega un momento en que usted tiene que separarse de estas personas. Si ellos no se retiran, retírese usted.

Mi deseo y mi amor por la amistad, mi fe en la gente y mi emoción al explorar la profundidad de las personas me hacen creer que no hay amigos que usted pueda no desear. Ha sido una experiencia dolorosa descubrir lo contrario.

Las amistades no se rompen

Toda amistad que dura se construye con ciertos materiales duraderos. El primero de éstos es la sinceridad. Si logro ver a mi amigo a los ojos y decir siempre un pensamiento sincero, sintiéndome con la simplicidad de un niño pequeño, habrá una verdadera amistad entre nosotros.

BERTHA CONDE

Diamantes defectuosos

Nunca rompa con las amistades, mejor desátelas, cuando aquellos con los que se lleva se muestren corrientes.

JAMES PUCKLE

Un enemigo abierto puede ser una maldición; pero un falso amigo es peor.

BENJAMIN FRANKLIN

Ya que la discreción es siempre predominante en la verdadera amistad, funciona y prevalece, menos con los tontos. Los inmorales comúnmente son curados por ella; los débiles rara vez.

EDWARD HYDE, LORD CLARENDON

Intimar con un amigo tonto es como irse a la cama con una navaja.

ANÓNIMO

Debemos escapar de la amistad de los inmorales, y de la decisión hostil de lo bueno

EPÍCTETO

NOVENA PARTE

El encuentro de diamantes perdidos

Para restaurar las amistades

La "Brigada del drenaje"

> Me resulta gozoso enojarme con un amigo que me ha sido devuelto.
> HORACIO

Leí recientemente un artículo en el periódico sobre una pareja de recién casados que accidentalmente tiró en el excusado su anillo de mil 800 dólares, para después jalar la cadena. El marido, que aún no había terminado de pagar el anillo, no iba a permitir que el diamante de un quilate se perdiera sin luchar por recuperarlo. Se pasó la noche escarbando en el patio y desarmando la tubería en busca del anillo.

La esposa pasó la noche en casa de su hermana porque "él estaba realmente enojado y yo no quería estar por ahí".

Por la mañana, el frustrado buscador sintió que el anillo ya no estaba en las tuberías de su casa, así que llamó al departamento de aguas. La ciudad mandó su "Brigada de diamantes perdidos" a buscar la pequeña y valiosa piedra.

Después de instalar una trampa en la alcantarilla de la calle, bombearon la tubería con un envío de agua a alta presión. Entonces uno de los brigadistas se metió en la alcantarilla y sacó el diamante del drenaje.

Podemos decir que casi toda relación es rescatable. Pero tenemos que poner manos a la obra. ¿Qué tan lejos está usted dispuesto a ir para reencontrar una relación perdida?

En espera de la marea

Perder un viejo amigo es como la pérdida de una cuenta del rosario de la vida; o como tirar una joya en las profundidades de un mar turbulento.
DOUGLAS MEADER

Afortunadamente, no he tenido que buscar en el drenaje ninguno de mis diamantes, pero he tenido que buscar cuidadosamente en aviones y cuartos de motel hasta encontrar diamantes que se han caído de mis joyas. Aunque el seguro cubre los costos por reemplazo de los diamantes perdidos, nada puede reemplazar el valor sentimental de una gema especial (o de un amigo perdido).

En un viaje a Maui perdí dos diamantes. Mi reacción inicial cuando me di cuenta por primera vez de que el diamante de uno de mis anillos faltaba fue "se ha ido". Parecía imposible que pudiera encontrarlo. La actitud de Jim fue más positiva que la mía y comenzó a buscar en la alfombra del cuarto. Finalmente, después de haber desarmado la plomería del lavado del baño, él lo encontró en la trampa de la misma.

Más tarde, en ese mismo viaje, yo estaba sola en un vuelo que me llevaba adonde debería de dar un seminario, cuando me di cuenta de que un pequeño diamante de mi reloj había desaparecido. En esta ocasión, en lugar de darme por vencida, decidí buscarlo. Cuidadosamente busqué a mi alrededor y eventualmente lo encontré en el asiento de junto. Temerosa de que pudiera perderse en el mullido *velour*, le pedí a la azafata un poco de cinta adhesiva para sujetar el diamante. Enrollé la cinta alrededor del diamante para no perderlo de nuevo antes de volver a montarlo.

En ambos incidentes, los agujeros que quedaron cuando los diamantes se perdían parecían mucho más grandes de lo que yo esperaba. Los diamantes en sí mismos no se ven tan grandes, pero la diferencia que marcó su ausencia me impresionó.

Usted puede no darse cuenta de lo importante que un amigo es hasta que él o ella se ha ido, dejando un horrible agujero en nuestra vida. Algunos sólo dicen: "él —o ella— se ha ido", mientras que otros hacen esfuerzos de por vida para restaurar la relación.

Tengo una amistad rota que nunca he dejado de intentar restaurar. Después de años de rezar, estoy en paz con esta eventualidad. Pero esa paz no niega el hecho de que un gran agujero ha quedado en mi vida por la ausencia de esa relación.

Por otro lado, una "gema" de relación regresó recientemente a mí. Es como si nunca hubiéramos estado separados, excepto por la tristeza que causan los años desperdiciados. ¡Qué infinitamente valioso es el regalo de una relación que nos es devuelta, un diamante reencontrado!

Sospechoso al que se le ordenó "devolver" los diamantes

A NUESTROS AMIGOS, QUIENES CONOCEN LO PEOR DE NOSOTROS PERO SE REHÚSAN A CREERLO.
DEDICATORIA A LOS AMIGOS

Cuando la policía respondió a un reporte de robo a casa-habitación en Wilkinsburg, Pennsylvania, detuvo al sospechoso, mientras el dueño de la casa hacía un inventario de sus posesiones. Después de determinar que un revólver calibre 32 y dos anillos de diamantes faltaban, la policía obtuvo una orden de cateo.

En una búsqueda preeliminar, al sospechoso se le encontró el revólver, pero los diamantes no aparecían. Convencido de que los diamantes estaban en posesión del ladrón, la policía llevó al sospechoso al hospital, donde los rayos X revelaron la existencia de dos anillos de diamantes en su estómago.

Cuatro opciones existían para recuperar los anillos —ninguna de ellas muy atractiva—, pero el —sospechoso—, ahora llamado —ladrón—, estuvo de acuerdo con la menos dolorosa y regurgitó los diamantes.

¿Qué tiene que ver esta historia con la amistad? Quizá nada; tal vez mucho, dependiendo de nuestra perspectiva. Nuestros amigos funcionan como rayos X en nuestra vida. Los verdaderos amigos pueden ver a través de nosotros.

No solamente pueden ver en nosotros los diamantes que otros no ven, sino que nos entienden y comúnmente ven en nuestras vidas lo que nosotros no queremos admitir. Algunas veces lo pasan por alto y lo dejan pasar. En otras ocasiones nos confrontan —o enfrentan, prefiero decir— y nos obligan a enfrentarnos con algo a lo que necesitamos dar la cara.

Etiqueta fúnebre

Todo hombre debería tener un cementerio de tamaño razonable para enterrar en él las faltas de sus amigos.
H. W. BEECHER

Cuando dos amigos se apartan deberían cerrar con llave los secretos del otro e intercambiar las llaves. La mente verdaderamente noble no tiene resentimientos.
DIÓGENES

No condenes a tu amigo: no sabes lo que tú hubieras hecho en su lugar.

HILLEL

Supongamos que nuestros amigos están en lo correcto hasta darnos cuenta de que están mal; en lugar de suponer que están mal hasta descubrir que están en lo correcto.
BENJAMIN FRANKLIN

Epitafio para una amistad

> ENTERRAR UNA AMISTAD ES UNA PENA MAYOR QUE
> ENTERRAR A UN AMIGO.
> HUGH BLACK

Difícilmente existe algo que lastime más que el rompimiento de una relación. Perder a un amigo debido a la muerte es una cosa. Nos dolemos y aprendemos a dejar el dolor atrás. Perder un amigo por un rompimiento en la relación es algo muy distinto, es una especie de muerte en vida de la cual parece no haber liberación. Creo que cuando perdemos una amistad morimos un poco.

Cuando un amigo muere, nos consuelan nuestros recuerdos de los buenos tiempos que vivimos con ese amigo. Debería ser de la misma manera cuando perdemos una amistad. Haga todo lo posible para restaurar la relación, pero hasta que eso suceda, piense en los tiempos buenos y alegres. Concéntrese en lo positivo; busque en lo bueno; esté agradecido por los días maravillosos; por los días, semanas, meses o años que pasaron juntos. No permita que el lado negativo supere su gratitud por el lado positivo.

Hasta que la relación esté restaurada, lo cual puede a veces tomar años, sea aún más cuidadoso con lo que dice acerca de la persona. Nunca deje de lado la esperanza de restaurar una relación. Puede decirse que toda relación merece la pena de ser restaurada, pero tenemos que poner manos a la obra.

Novena parte

Los verdaderos amigos siempre permanecen en sus respectivos corazones

Un amigo es alguien que escucha sin juzgar si usted está bien o mal, y cuidadosamente le ayuda a definir sus pensamientos para obtener una nueva perspectiva.

Cuando usted se siente mal consigo mismo, un amigo está ahí para recordarle todas las cualidades positivas que usted puede haber olvidado.

Cuando usted comparte con un amigo, la toma de decisiones se vuelva más sencilla y los problemas parecen menos críticos.

Un amigo le da el invaluable regalo del tiempo: tiempo para compartir, para probar nuevas ideas y para repensar las viejas. No importa qué tan seguido estén juntos, usted descubre dimensiones de sí mismo gracias al espejo de la amistad.

Un amigo lo ama por lo que usted es, no por lo que hace. Al sentirse tan aceptado, usted es capaz de plantear metas más altas, de tratar con más ahínco y de obtener más.

Por medio de la estrecha amistad, usted puede aprender el hermoso arte de dar. Usted se expande, se vuelve más seguro de sí mismo, siente más profundamente, y ayuda más efectivamente. Ver la felicidad que le trae a otra persona le da a usted un mayor bienestar e incrementa su capacidad de amar.

Adonde quiera que vaya en la vida, sin importar el nivel o lugar que llegue a ocupar, un amigo que ha entrado en su alma estará siempre con usted, guiando gentilmente, siguiéndolo con esperanza, y siempre caminando a su lado.

SANDRA STURTZ

DÉCIMA PARTE

Una gema especial

El amigo de amigos

Un amigo especial

¿Ha pensado usted alguna vez en Dios como su amigo? ¿Cómo alguien involucrado totalmente en su vida? ¿Alguien que quiere darle lo mejor que hay, un lugar en Su felicidad eterna?

"Ya no les digo siervos...", dijo Jesús a sus discípulos, "sino los he llamado amigos".

Dios viene a nosotros en la persona de Jesús para decirnos que Él es nuestro amigo. Nos pide que establezcamos una estrecha relación con Él. Quiere que nosotros disfrutemos Su presencia como disfrutamos la compañía de un amigo especial.

Sabe cómo, en nuestra humanidad, luchamos, cometemos errores y nos desanimamos. Cómo necesitamos perdón, consuelo y fuerza. Cómo necesitamos Su ayuda para crecer en espíritu. Él lo da todo por medios diversos. Uno de ellos es la amistad humana.

JOSEPH R. THOMAS

La esencia de un buen amigo

Los ungüentos y el perfume regocijan el corazón; así sucede con la dulzura del amigo de un hombre que proporciona consejo del corazón. El propio amigo y el padre del amigo abandonarlo no podrán.
SALOMÓN

Hace unos cuantos años recibí un regalo de cumpleaños muy especial de parte de Jim. Me llevó a Scottsdale para una cita con un perfumero llamado Erne, el cual ha estado en el negocio la mayor parte de su vida y es el creador de muchos perfumes clásicos. Él crea fragancias que se ajusten a la personalidad y características únicas de cada cliente.

Este maestro de esencias se entrevista con cada cliente durante una hora aproximadamente para poder crear un perfume especial que sea representativo de la persona. Parte de la diversión es que cada quien le pone nombre a su fragancia. Jim llamó a mi fragancia "Dulzura mía" debido a que éste es uno de los significados de mi nombre, Naomi. Fue una experiencia increíble.

Debido a que lo gocé mucho, le he dado esta experiencia como regalo a muchos amigos a lo largo de los años. De cualquier modo, fue especialmente divertido y recompensador cuando le di el regalo a una amiga en especial. Ella creció en Bélgica y posee una naturaleza artística.

Hablaba de un recuerdo en su niñez: del olor de las maravillosas flores blancas en las montañas que rodeaban su hogar.

Erne eligió crear una adorable y ligera fragancia para ella y la llamó "Sinfonía blanca". Era perfecta para ella. Y la mía es perfecta para mí. De hecho, cuando la uso, Jim la reconoce inmediatamente.

Erne tiene cientos de botellas de fragancias de las cuales cuidadosamente elige las porciones. Las combina en un recipiente especial y permite que su cliente huela cada ingrediente en el momento en que éste es añadido. Continúa mezclando hasta que finalmente alcanza la composición perfecta para satisfacer las exigencias del cliente.

Ciertamente, podemos tener una fragancia creada para nosotros, y es divertido. Pero ya sea que tengamos o no a Erne para hacerlo, nosotros hemos creado una fragancia, una esencia, un aroma propio. La fragancia de nuestra vida es lo que hace la diferencia cuando entramos a un cuarto y el rostro que dejamos en él al salir. Cada uno de nosotros tenemos una fragancia única; afortunadamente se trata de una fragancia que resulta agradable a los demás.

Me encanta la historia bíblica sobre la mujer que rompe la jarra de alabastro y pone perfume en la cabeza de Cristo. El perfume era caro y la gente la censuró. Cristo respondió: "ella hizo lo que pudo... para decir la verdad, cuantas veces se enseñe el evangelio en todo el mundo, lo que ella ha hecho también será dicho, en memoria de ella". Sus acciones dejaron una fragancia que ha perdurado a través de los siglos.

Roguemos para que la fragancia de nuestras vidas llene la vida de otros con la esencia de Dios —una fragancia de dulzura, ternura, tolerancia, comprensión, perdón, justicia y devoción.

Roto y desbordado

Un día, una aldeana común
Llevada por el amor a su Dios
Ungió irresponsablemente una fragancia valiosa
Sin importarle el escarnio.

Una vez que el contenedor estaba roto y desbordado
La fragancia llenó la habitación
Como un prisionero librado de sus cadenas
Como un espíritu liberado de la tumba.

Roto y desbordado
Sólo por amor a ti, Jesús
Mi valioso tesoro
Ha sido dado a Ti.

Señor, Tú eras el valioso tesoro de Dios
Su propio, amado y perfecto Hijo
Enviado entre nosotros para mostrar el amor de Tu padre
Sólo por amor todo esto fue hecho.

Y aunque tú eras perfecto y santo

Te diste deseoso
Sin reparar en el gasto por mi perdón
Fuiste usado y desperdiciado por mí.

Roto y desbordado
Sólo por amor a mí, Jesús,
El tesoro más valioso de Dios,
Dado a mí.

Roto y desbordado
Y ungido a mis pies,
En dulce abandono, Tú, Señor
Fuiste desbordado y usado por mí.

En dulce abandono, Señor, Tú fuiste
Desbordado y usado por mí.

Letra por Gloria Gaither y Bill George, *Copyright* 1984, Gaither Music Co. y Yellow Music House. Todos los derechos reservados. Usado con permiso.

Los diamantes y los amigos reflejan la luz

> Un diamante es una gota de sol congelada... literal y científicamente... un diamante es un depósito de carbón del cielo...
> RUSSELL H. CONWELL
> *ACRES OF DIAMONDS*

En estado bruto, natural, los diamantes pueden ser sosos e incluso poco atractivos. Un diamante sin cortar se parece mucho a una piedra cualquiera en la cual la mayoría de la gente ni siquiera repararía. Pero cuando se corta y pule por las hábiles manos de un artesano, cobra vida con un brillo y una refulgencia que ninguna otra piedra puede igualar. Es el corte del diamante lo que le permite hacer un mejor uso de la luz, y la belleza de un diamante depende de la manera en que refleja la luz.

En ausencia de luz, los diamantes son como la luna, fría y oscura. Pero cuando los rayos del sol llegan a ellos, se transforman.

Así como un diamante es considerado más hermoso cuando tiene varias facetas y puede conducir la luz en una variedad de formas virtualmente infinita, el modelado de nuestros amigos también depende del que lo corta. (Los amigos que se frotan con nosotros frotan su vida contra la nuestra.) Cada diamante y cada persona reflejan la luz de manera un tanto distinta.

Una persona solitaria es un diamante en la oscuridad. Nada sabe de su propio brillo y verdadero carácter, y ni sirve a Dios ni a los demás, o a sí mismo. Pero en la presencia de amigos especiales, el vacío y la soledad cambian para siempre. Y mientras más brillante sea la luz de esa relación, más se desarrolla el individuo en armonía consigo mismo.

Una de las cosas que ha hecho tan rica mi vida son las maravillosas relaciones que he experimentado. Mi familia y amigos me han proveído con tanto amor y belleza que he llegado a considerarlos como mi luz interna o mis diamantes invisibles. Son una parte de mi brillo interior que me proporciona calor y me mantiene sonriendo. Mis relaciones con los demás me dan un fulgor y una belleza que me brillan más que la joyería con diamantes que tanto disfruto usar.

Pero hay un amigo que ilumina mi vida más que cualquier otro. De todos los amigos de los que me puedo vanagloriar, de todos aquéllos cuya luz brilla radiante, el más brillante es Cristo. La suya es una luz que nunca se extingue, que nunca disminuye. Él dice: "Yo soy la luz del mundo: aquel que me siga no caminará en tinieblas, tendrá la Luz de la Vida".

El Hijo de Dios, más que nadie, ve nuestra individualidad y unicidad. No pide nada de nosotros excepto que reflejemos su luz de todo corazón, que estemos expuestos a Él continuamente, que seamos pulidos por él constantemente. "Dejen que su luz brille ante los hombres, que ellos puedan ver sus buenas labores, y la gloria de su Padre, que está en el cielo", dice Mateo. Nuestro brillo, nuestro fulgor, nuestra gloria, es una gloria reflejada que nos brinda calor y nos abrillanta cuando la absorbemos. Y la fuente de esa luz no se agotará. Si nos exponemos a ella el tiempo suficiente, se volverá nuestra.

El mejor de los amigos

En este libro he compartido la importancia del regalo de la amistad. Desarrollar, mantener y alentar a los amigos es la llave para una vida feliz y plena. De cualquier manera, las relaciones significativas son sólo temporales si no existe una relación con Dios. Las ocupaciones terminan, los placeres terminan, la "crianza" de los niños termina, los amigos cambian, y en ocasiones también terminan. Todos los diamantes y posesiones materiales en el mundo no pueden sustituir la amistad plena y duradera con Él. Mi relación con Dios es mucho más valiosa que cualquiera de mis recursos...

Señor, tú eres más valioso que la plata,
Señor, tú eres más valioso que el oro,
Señor, tú eres más hermoso que los diamantes,
Y nada que yo pueda desear se compara contigo.

Un maravilloso regalo nos fue ofrecido, el don de la amistad con el mejor de los amigos, sólo debemos aceptarlo. Un Amigo que es más hermoso que los diamantes, un Amigo que ha creado los diamantes y el mundo en que vivimos, un Amigo que nos ofrece el regalo de la vida eterna.

El Amigo de amigos

Él es el Rey de reyes, el Señor de señores. Y Él es el Amigo de amigos. De Su magnificiente poder y gloria, Jesús besó gentilmente las lágrimas para consolar el corazón de los duros. Con su ternura alcanzó a tocar y a sanar a los que sufren.

Él dio el regalo de la vida a la madre sollozante, y enseñó a sus discípulos la manera de vivir una vida mejor. Él permitió al discípulo amado descansar su despeinada cabeza en Su corazón. Él era su Amigo, con toda la riqueza que esto implica. Él sufragó sus necesidades y les permitió conocer las Suyas. Él era el Amigo de amigos. Él amó. "No existe mayor Amor que el de este hombre, ya que decidió dar Su vida por Sus amigos."

MARY HOLLINGSWORTH

Esta edición se imprimió en Marzo de 2006. Acabados Editoriales Tauro. Margarita No. 84 Col. Los Ángeles Iztapalapa México, D.F.

COLECCIÓN SUPERACIÓN PERSONAL

¡Ahora o nunca!
Alegría de la meditación, La
Autohipnosis
Buzón, El
El amor a sí mismo
Con la fuerza del hombre y el alma de niño
Conquista de ti mismo, La
Cómo seducir a su hombre y mantenerlo a su lado
Cuando el Amor vence al Dolor, un mensaje de vida
Cuerpo de niña alma de mujer
Chocolatito espumoso para el alma
Don de la vida, El
En busca de lo humano
Fábulas para triunfar
Frases célebres de Zig Ziglar
Fortaleza integral
Hombre bien vestido, El
Libro de los amigos, El
Libro del amor, El
Líder que vive en ti, El
Linterna mágica, La
Magia de la sonrisa, La
Meditaciones
Mensaje, El
Mi filosofía del triunfo
Michael Jordan
Motivar para ganar
Mujer bien vestida, La
Mujer de hoy
Nada me detendrá
Niña y el niño bien vestidos, La
Para ser feliz
Pensando en ti
Piensa en grande
Poder del fracaso, El
Por favor sé feliz en tu juventud
Por favor sé feliz en tu escuela
Por favor sea feliz
Por favor sea feliz con su religión
Por favor sea feliz con su trabajo
Por favor sea feliz en familia
Por favor sea feliz en pareja
Por favor sea una mujer feliz
Que me ha enseñado la vida, Lo
¿Qué onda con el sida?
Respuestas para vivir una sexualidad inteligente y segura
Sé mejor
Sea feliz ya
Sí se puede
Sin miedo al amor
Tómelo con calma
Un tesoro inagotable
Valor de la amistad, El
Valor del perdón, El
Valor de dar, El
Vamos a ganar
Vamos a la cumbre
Vamos al éxito
Vamos por todo
Vivir feliz
Volver a la niñez
Voz de la experiencia, La
...Y los cerditos se comieron al lobo

COLECCIONES

Belleza
Negocios
Superación personal
Salud
Familia
Literatura infantil
Literatura juvenil
Ciencia para niños
Con los pelos de punta
Pequeños valientes
¡Que la fuerza te acompañe!
Juegos y acertijos
Manualidades
Cultural
Medicina alternativa
Clásicos para niños
Computación
Didáctica
New Age
Esoterismo
Historia para niños
Humorismo
Interés general
Compendios de bolsillo
Cocina
Inspiracional
Ajedrez
Pokémon
B. Traven
Disney pasatiempos
Mad Science
Abracadabra
Biografías para niños
Clásicos juveniles